*Early Childhood Education : Need and Opportunity*

# 幼児教育への国際的視座

*David P. Weikart*
デイヴィッド P・ワイカート

訳・解説 ＊ 浜野隆

ユネスコ国際教育政策叢書❺

叢書編者
黒田一雄・北村友人

東信堂

Early Childhood Education: Need and Opportunity
by David P. Weikart
Copyright© UNESCO 2000
All rights reserved

---

Japanese translation rights arranged with
International Institute for Educational Planning, Paris
through Tuttle-Mori Agency, Inc., Tokyo

> 教育政策研究の地平を拓く
> ――「ユネスコ国際教育政策叢書」日本語版刊行に寄せて――

　ユネスコ国際教育計画研究所(IIEP)は、教育政策の計画立案や実施・マネジメントの分野における調査研究、研修、技術協力、ネットワーキングなどを行うことを目的として1963年に設立された、国連教育科学文化機関(ユネスコ)本部教育局に附属する研究所である。設立以来、とくに教育の国際的な諸課題についての研究を積極的に行っており、その成果は各国の教育政策の立案者や行政官、国際機関や大学、NGOなどの専門家たちに幅広く受け入れられており、国際的な教育政策の議論をまさにリードしているといっても過言ではない。

　このIIEPを代表する出版物が、今回、日本語版が刊行される運びとなった「ユネスコ国際教育政策叢書(原題：教育計画の基礎シリーズ Fundamentals of Educational Planning)」である。1970年の創刊以来すでに100冊近くを刊行しているが、いずれの書も100頁前後とコンパクトであり、実際に教育政策の立案や実施に携わっている行政官・専門家たちが、重要な課題に直面した際に手軽に参照することができるようにと企図されている。ただし、分量的には軽めであるが、いずれの書もテーマとなる専門分野の第一級の研究者たちや第一線の実務家たちが執筆しており、その内容は非常に濃密なものとなっている。そのため、実務家のみならず研究者たちにとっても、学術的に精緻な議論をわかりやすく展開した、非常に使い勝手のよい書が多い。なかでも、今回、とくに今日的課題としての重要性や緊急性の高いテーマを選び出し、日本語訳が刊行されることとなったのは、とても素晴らしいことである。

　ちなみに、本シリーズの第1巻である『教育計画とは何か(*What is Educational Planning?*)』(IIEP初代所長のPhilip H. Coombs著)の冒頭では、「教育計画とは何か？ それはどのように機能するのか？ また、どのような領域を対象とするのか？ さらには、どこの場所でも適用可能なものなのか、それともある特定の場所

でのみ適用できるような性質のものなのか？　教育計画の立案者とはどのような人たちなのか？」といった質問が次々と提示されている。これらの質問のなかに、本シリーズの基本的な姿勢が明らかにされていると考える。すなわち、それぞれの国や社会において教育が果たす役割の重要性に鑑み、時代とともに移り変わる教育課題に対応して教育政策を立案・実施していくうえでの基礎となる考え方を提示することが、ユネスコの附属研究所としてのIIEPの重要な使命であると捉えていたことがうかがえる。

　日本語版として翻訳されることとなったタイトルのいずれをみても、教育政策に関心をもつ幅広い方々の興味をひくテーマが選ばれていることがわかる。本シリーズは、ユネスコの付属研究所として途上国の教育政策に関する研究を多角的に推進しているIIEPの出版物であるため、いわゆる開発途上国（以下、途上国）を対象としたものが主となっている。しかし、今回の日本語版に選ばれた各書は、必ずしも途上国にのみ関係するものばかりではなく、日本のような先進国の教育政策や教育問題を考えるうえでも、非常に参考になる面が多いと確信している。なぜなら、今日の教育政策研究には、先進国・途上国という枠組みを超えて幅広く論じられることが強く求められている。そうした際に、シリーズから選ばれた各書は、議論の土台となる論点を明確に提示するとともに、さらなる議論を喚起するための知的刺激を読者に与えてくれるはずである。

　近年、とくに途上国の教育開発に関する研究について、これまでの欧米中心の研究動向に対して日本の研究者たちが非常に積極的に研究成果を発信するようになっている。また、途上国の教育政策に対する実務的な支援においても、国際協力機構（JICA）を中心として日本が重要な役割を果たしていることは衆目の一致するところである。途上国の教育に関する研究・実務において日本が存在感を高めているなか、本シリーズの日本語版が刊行されることはまさに時宜に適ったものであるといえよう。

　今回の刊行にあたっては、私の長年にわたる友人であり、信頼する研究者でもある、鈴木慎一・早稲田大学名誉教授と廣里恭史・上智大学教授がシリ

ーズ編集顧問として全体の構想をまとめ、日本の教育開発研究をリードする黒田一雄・早稲田大学教授と北村友人・東京大学准教授がシリーズ編者を務められるとのことである。この方々であれば、国際的な議論の潮流を踏まえたうえで、日本の読者の方々にとって最も関心の高いテーマを選び、的確にそれらを提示することと確信をしている。私がIIEPの所長をしていたころに、本シリーズの日本語版の出版計画を打診され、非常に嬉しく感じたことをいまもはっきりと覚えている。

また、各書の訳者も、研究者あるいは実務家として確かな実績をもつとともに、これからの日本の教育開発研究がさらに発展していくなかで重要な貢献をしていく専門家たちである。こうしたチームをつくり、今回のシリーズ刊行を実現されたことに対して、深く敬意を表したい。

最後に、東信堂の下田勝司社長には、本シリーズを日本に紹介することの意義を認め、版権に関して非常に細かなルールを定めたユネスコとの交渉にも忍耐強く応じてくださり、こうして日本語版の刊行を実現されたことに、IIEPの前所長として、またアジアの一研究者として、心から感謝申し上げたい。

マーク・ブレイ

（香港大学教授・IIEP元所長）

## 「ユネスコ国際教育政策叢書」日本語版序文

　人の国際移動の爆発的増大、グローバル経済の急速な展開、情報通信技術の長足の進歩、そして知識経済の台頭は、世界各国の教育システムにも大きな変容を迫りつつある。留学や教育機関の国際的連携等のクロスナショナルな教育形態は一般化しつつあり、教育のバーチャル化の萌芽は、教育システムのボーダレス化を飛躍的に進展させる可能性を示唆している。また、国際的な市場経済競争の激化を背景に、OECDのPISAを初めとした国際学習到達度テストの結果が教育政策の決定過程においても大きな影響を与えるようになっている。このような教育を取り巻く国際的環境の変化は、従来一般に国内的な政策課題と捉えられがちであった教育政策・教育計画を、グローバルな観点を抜きに策定できない政策分野に変容させている。日本を含めた多くの国々において、教育政策・教育計画の国際的な枠組みに対する理解を進めることが緊急の課題となってきている。一方、世界にはいまだ数億人の非識字者と未就学の児童が存在しており、国際社会はこの問題をグローバルイッシューとして、協力・協調して取り組むことが要請されている。

　こうした教育政策・教育協力の動向に呼応し、1990年代から2000年代にかけて、日本でも国際教育政策分野の研究や大学院レベルの人材養成の体制が急速に拡充されつつある。本シリーズ翻訳出版は、この分野の世界的な研究機関であるユネスコ国際教育計画研究所(以下、IIEP)の最も基幹的な出版物である「Fundamentals of Educational Planning」シリーズのうち、若干を厳選して翻訳し、日本において隆盛しつつある「国際教育政策・計画」研究の基盤強化に貢献することを目的とする。国際教育政策・計画分野の、世界的なスタンダードを日本に提示し、急増するこの分野の学習者が教科書・参考書として使用できる書籍とすることを目指している。

　IIEPは、ユネスコ加盟国の教育計画・教育政策を、行政官の研修や研究

活動を通じて支援するため、1963年にパリに設立された、ユネスコ直属の研究機関である。この研究所が行ってきた、各国の教育行政官を対象とした大学院レベルの各種研修プログラムとこのためのスタンダードな教育計画分野テキストの開発や、「HIV・AIDSと教育」「紛争復興期の教育」研究などの国際社会の関心の高い教育政策課題に関する研究は特に知られている。IIEPは様々な研修コースのテキストから本格的な研究書まで、さまざまな種類の出版物を刊行しているが、「Fundamentals」は1967年の発刊以来、世界の教育政策関係者に基本書として親しまれてきた、IIEPを代表する書籍シリーズである。その特徴は、実務者の活用を意識して、比較的に平易な構成・文章と短時間で読める一冊あたりのページ数の少なさであろう。また、比較国際教育関係の文献に多い国や地域を限定した課題設定はせず、常にグローバルで普遍的な教育計画策定手法の開発を目指していることも、このシリーズの特長である。

　このFundamentalsシリーズの日本語訳版を出版してはどうか、とのお話しを早稲田大学名誉教授の鈴木慎一先生から編者に初めていただいたのは、2005年の秋のことであった。鈴木先生と親交の深かった香港大学のマーク・ブレイ先生がIIEPの所長に就任されたことが直接の契機であったが、国際的な教育政策・教育計画の学術としてのスタンダードを日本に示し、日本の学界や教育政策決定の場を刺激したい、との強い思いが鈴木先生にはあったのだと思う。これは、当時黒田が研究代表者として開始したばかりの科学研究費(基盤A)プロジェクト「教育の国際援助・交流・連携の政治経済学的探求―『国際教育政策学』の構築を目指して」に集う研究者の問題意識とも適合し、そのメンバーを中心として、訳者のチームが構成された。日本でのこの分野の発展のためだけに、無報酬でこの翻訳に取り組まれた訳者の諸先生方に、まずは厚くお礼を申し上げたい。また、本企画をスタートさせたときの、名古屋大学教授(当時)の廣里恭史先生(上智大学)によるユネスコとの著作権交渉のご尽力なしには、この翻訳書の刊行はなかったと考える。さらに、リサーチアシスタントとして、この編集を支えてくれた早稲田大学大学院アジア太

平洋研究科博士課程の渡辺明美さん(前国際協力機構)、嶋内佐絵さん(日本学術振興会特別研究員)の労を多としたい。

　ただ、本翻訳書出版の最大の貢献者は、出版事情の良くないなか、本シリーズ翻訳の意義を認め、出版を英断され、さらにユネスコとの版権交渉が困難を極めるなか、忍耐強く、編者を励まし続けてくださった東信堂の下田勝司社長と二宮義隆氏であろう。記して、謝意を表したい。

黒田一雄
北村友人

# はじめに

　幼児教育の分野は、20世紀最後の10年間で急激に拡大した。女性の労働への参加が加速するにつれ、より幼い子どもが家庭以外の場所おいて育児、教育されるようになった。現在幼児たちが置かれている環境はさまざまである。家族とともに家で過ごし、そばにいる人に「面倒を見て」もらう子どもから、民間施設または政府の施設に預けられる子どもに至るまで、多様である。3歳児の80％以上が就学前教育施設に在籍している国もある。あまり産業化が進んでいない国においても、幼児教育施設に在籍している子どもの割合は30％から40％にものぼる。

　しかし、幼児教育の形態に関しては私たちは何を知っているだろうか。幼児教育の形態は、それが行われる文化的背景の違いによってどの程度異なってくるものなのだろうか。幼児教育にはどれくらい効果が期待できるのだろうか。幼児教育を受けた子どもは、幼児教育を受けなかった子どもに比べ、何らかの優越性が認められるのか。幼児教育に携わる教育計画者や政策責任者はどのような知識を身に付けておくべきなのだろうか。

　教師は、こうした幼い子どもが何を学ぶべきと考えているのだろうか。親が子どもに学んでほしいと望んでいることは何なのか。子どもが学ぶべきことに関して教師と親の間では意見は一致しているのだろうか。質の高い保育プログラムはいかにして作ることができるのだろうか。どんな種類の健康・安全基準が必要なのだろうか。こうしたプログラムの運営を行うスタッフとしてどのような人が採用されるべきか。訓練はどのように行うのか。補助サービス (auxiliary services) は必要か、また、必要な場合どのような種類の補助サービスが必要なのか。検討に値するモデル・プログラムは存在するのか。

　幸運なことに、IIEPは、教育計画者やその他の関心のある人々を対象と

するこのブックレットの執筆をデイヴィッド・ワイカート氏に依頼することができた。ワイカート氏は、アメリカ、ミシガン州イプシランティのハイスコープ教育研究財団会長で、30年以上も幼児研究を行ってきている。彼の最も重要な研究は主に次の2つである：

(a) 就学前教育が子どものその後の成長に及ぼす影響を調べた、米国における追跡調査研究。
(b) さまざまなタイプの保育環境の検討、および保育のタイプによって子どもの成長がどのように異なるのかに関する分析を、いくつかの国を対象として国際比較する研究。

このブックレットでは、教育計画担当者にとって有益と思われる、これらの研究結果の概要がまとめられている。

幼児教育・保育行政に携わる者にとって、適切かつ良質の教育や保育の提供を保障することは容易なことではない。著者は、幼児教育のいくつかの利点を述べている。具体的には、幼児教育を受けた子どもはより上手く社会的に不利な立場を克服できるようになるほか、一般的に、保育プログラムを経験したすべての子どもには、そうしたプログラムに一切参加しなかった子どもに比べ、長期的にみてポジティブな効果が確認されている。このブックレットでは、こうした幼児教育計画を作成するにあたって考慮しなければならない問題が取り扱われている。

T・ネヴィル・ポッスルウェイト
（シリーズ編集主幹）

> 解説：保育の「質」と「長期効果」
>
> 浜野　隆

## 1　本書の意義

　本書の原題は、*Early Childhood Education: Need and Opportunity*（乳幼児教育：必要性と機会）である。邦訳タイトルは『幼児教育への国際的視座』とした。本書は英語の他、フランス語でも刊行されており、国際的に広く読まれることが想定されている。就学前の子どもに対する幼児教育や保育を表現するときは、本書のタイトルのように Early Childhood Education（ECE）という場合もあるが、近年、国際協力や国際開発援助の領域においては、Early Childhood Care and Education（ECCE）, Early Childhood Care and Development（ECCD）, Early Childhood Development（ECD）といった言葉がよく用いられる。幼児の「ケア」を含めて論じる場合には単に ECE ではなく、ECCE、ECCD、ECD といった言葉を使うことも多い。

　本書は、幼児教育の行政や計画にかかわる人々を対象に書かれたものであるが、幼児教育の歴史、国際的な動向、幼児教育に期待されること、幼児教育の効果、効果的なカリキュラムやプログラム、評価やモニタリング、政策提言など、広範囲にわたって記述されており、幼児教育研究者や現場の保育者、幼児教育研究者、幼児教育に関心を持つ一般の人々にとっても有益な情報が多い。さまざまな国の教育行政官が利用することを考慮して、終始一貫して国際的な視点が貫かれており、本書は、比較幼児教育（比較保育、国際保育）に関する入門的なテキストにもなっている。また、幼児教育の国際協力・国際交流にかかわる人々にとっても得るところが大きいと思われる。

## 2　本書の概要と若干の補足

### (1) 幼児教育に関する国際比較調査

　本書自体、保育・幼児教育研究のエッセンスをまとめたものであるが、ここでいまいちど要点を整理しておきたい。本書の前半では主に保育に関する国際比較調査が紹介されている。第1章は幼児教育の歴史を国際的視点から短くまとめ、第2章では、「IEA幼児教育プロジェクト」の調査結果に基づき、調査時点当時における海外における保育の実態（普及状況や保育時間、保育サービスの提供主体、いくつ保育サービスを受けているかなど）と保育サービスに対する満足度が詳しく述べられている。調査対象国は主として先進国であるが、子どもたちが家庭外で保育を受ける傾向が強まっていること、そして保育に対する満足度は高く、保育を家庭外に求める傾向は今後も続いていくであろうとしている。第3章は、幼児教育への期待、すなわち、幼児期に子どもは何を（どのようなスキルを）身に付けることを教師や親が期待しているか、に関する調査結果が紹介されている。さまざまな経済水準や政治体制、文化的背景の国が対象となったにもかかわらず、子どもに対する期待は驚くほど国家間で差がなかったこと、また、教師と親も考えは概ね一致していたことが述べられている。

　第2章、第3章で紹介されているIEA幼児教育プロジェクトは、3期にわたって実施された大規模な国際調査である。第1期は1986年から1989年までで、調査対象国における幼児教育政策や保育・幼児教育施設の特徴を調べている。第2期は1989年から2001年までで、観察インタビューなどの手法を用いて、調査対象国の幼児教育における構造的な特質を明らかにしている。そして第3期（1993年～2006年）では、幼児教育を受けた4歳児の子どもを追跡調査し、7歳の時点での言語的・認知的能力との関係を調べている。本書では、主に第1期と第2期の調査結果が紹介されている。調査時点が1980年代から90年代であるため、今日からみるとやや古いデータと言えるが、これだけ大規模な国際調査は他に例がなく、貴重な結果であるといえよう。

なお、第3期のIEA幼児教育プロジェクトでは、子どもが4歳のときにその子の興味や関心に沿って活動する保育(自由選択が多い保育)を受けた子どもは、基本的な読み書きの能力や計算能力を高めることをねらいとした保育(就学準備を中心とした保育)を受けた子どもよりも、7歳時の読み書きの能力が高かったという結果が出ている(UNESCO, 2006)。これは、子どもの主体性を重視した保育の優位性を示す結果であり、後に第5章で取り上げられてる、カリキュラムによる教育効果の違いとも整合性をもつ。

(2)幼児教育の効果

　第4章では、幼児教育にはいかなる効果があるのかが分析されている。まず、子どもの発達段階に応じたプログラムの重要性が指摘された後、ピアジェの発達理論に基づき、感覚運動期(0～2歳)と前操作期(2～6歳)それぞれの発達の特徴に応じた保育計画の必要性が強調されている。そして、この発達段階別に保育の効果を調べた研究(およびそのメタ分析)の知見がレビューされている。0～2歳へのプログラムでは、学業達成や大人になってからの生産性への影響は明確ではないものの、保健や栄養などの基本的なニーズに関しては有効性が高いこと、2～6歳を対象とした保育プログラムでは、長期にわたる追跡研究の結果、驚くほど大きな効果がみられることが強調されている。最も有名な調査である「ハイスコープ・ペリー就学前教育研究」(以下、本解決では「ペリー就学前教育研究」)によれば、保育を受けたかどうかでその後の人生には著しい違いがみられた。本書では文章による記述のみでややわかりにくいところもあるので、表1でまとめておいた。

　なお、ペリー就学前教育研究は最新の報告では、対象となった子どもを40歳まで追跡したデータも報告している(Schweinhart et al., 2005)。表1には40歳の時点でのデータも加えた。これをみると、保育を受けたグループと受けなかったグループの差は、40歳になっても継続していることが分かる。保育経験グループの方が高校を卒業した者の割合や年収20,000ドル以上の者の割合は高く、福祉サービスを受けた者の割合、5回以上逮捕された者の割

表1　保育の長期効果（保育経験グループとそうでないグループの比較）

|  | 保育経験グループ（プログラム集団） | 非保育グループ（非プログラム集団） |
| --- | --- | --- |
| ①学業達成 | | |
| 　読書テスト（正答率）（19歳時点） | 62% | 55% |
| 　留年率（19歳時点） | 16% | 28% |
| 　高校を卒業した者の割合（27歳時点） | 71% | 54% |
| 　高校を卒業した者の割合（40歳時点） | 77% | 60% |
| 　高校を卒業した者の割合（40歳時点、女性） | 88% | 46% |
| ②就業および収入 | | |
| 　就業率（19歳時点） | 50% | 32% |
| 　27歳時点で月収2,000ドル以上の者の割合 | 29% | 7% |
| 　40歳時点で年収20,000ドル以上の者の割合 | 60% | 40% |
| ③福祉・婚姻・逮捕歴など | | |
| 　福祉サービスを受けた者の割合（19歳時点） | 18% | 32% |
| 　福祉サービスを受けた者の割合（40歳時点） | 71% | 86% |
| 　結婚生活の長さ（27歳時点、男性） | 6.2年 | 3.3年 |
| 　結婚している者の割合（27歳時点、女性） | 40% | 8% |
| 　非嫡出子をもつ者の割合（27歳時点、女性） | 57% | 83% |
| 　27歳までに5回以上逮捕された者の割合 | 7% | 35% |
| 　40歳までに5回以上逮捕された者の割合 | 36% | 55% |
| 　麻薬による逮捕経験 | 7% | 25% |

出典：本書第4章および大宮,2006; Schweinhart et al., 2005より作成。

合は低いことが分かる。

　慎重に統制がされ、しかもここまで長期にわたって追跡がなされた研究は他にほとんど例がなく、これらのデータはきわめて貴重である。ペリー就学前教育研究の追跡調査はその後も続けられているが、近年の結果で注目されるのは、保育の費用対効果は、対象となった子どもの年齢が進めば進むほど高くなるということである。本書では、1992年ベースでの計算により、1ドルの投資に対して得られる収益を7.16ドルとしていたが、その後さらにその収益率は高くなっていき、2000年ベースでの分析によれば、1ドルの投資に対して得られる収益は17.07ドルにも達するという（表2）。

(3) 保育内容（カリキュラム）による違い

　幼児教育は実践の形態が多様性に富むため、一見つかみどころのない領域

表2　保育プログラムの費用便益分析

|  | 子ども1人当たりの年間保育費用（米ドル） | 対象者1人当たりの利益（米ドル） | 費用対効果（1ドルの投資に対して得られる収益） |
| --- | --- | --- | --- |
| 1988年ベース | 6,500 | 39,278 | 6.14ドル |
| 1992年ベース | 12,356 | 88,433 | 7.16ドル |
| 2000年ベース | 15,166 | 258,888 | 17.07ドル |

出典：本書第4章および大宮, 1996; Schweinhart et al., 2005 より作成。

にみえる。幼児教育では教育の内容や方法が小学校などと比べそれほど明確には示されないため、「見えない教育方法」といった言葉が使われることもある。本書では、その幼児教育をモデル化し、「プログラム型」「オープン・フレームワーク型」「養護型」「子ども中心型」と類型化しているため、図式的に理解しやすいものとなっている。また、「就学前の子どもの発達段階」に関しても、ピアジェの理論に基づき、適切な解説がなされている。

ワイカートらが開発した「ハイスコープ・カリキュラム」は、子どもの主体性を尊重しつつ、教師もまた主体性と発揮するという「オープン・フレームワーク型」であり、その特徴は、創造的表現や論理的な推論などの「鍵となる経験(key experiences)」に基づく「主体的な学習(active learning)」にある。その内容については、OECD(2004)に紹介されているので詳しい紹介は省略するが、ここでは、ハイスコープ・カリキュラムの変遷について触れておきたい。玉置(1995)によれば、ハイスコープ・カリキュラムは当初から「鍵となる経験」という概念を用いていたわけではなく、1960年代にはピアジェの発達理論をもとに「表象のレベル」「内容の領域」「操作のレベル」という3つの概念によってカリキュラムが構成されていたという。その後、1970年代から80年代にかけて、目標のシーケンス、鍵となる経験といった概念が導入され、カリキュラムが構築されていったという。すなわち、ハイスコープ・カリキュラムも時代を通じて不変ではなく、時代とともに変化を遂げてきた。本書で紹介されているカリキュラム比較研究で使われたハイスコープ・カリキュラムは比較的初期のものであったと思われるが、それと現在使われているハイス

コープ・カリキュラムはまったく同一というわけではないことには留意しておく必要があろう。

　幼児教育カリキュラムの類型論は、2000年代に入ってからのOECDの報告書にもみられる。OECD(2006)は、保育のカリキュラムを「就学準備型」と「生活基盤(ホリスティック)型」の2つに分けている。就学準備型は小学校以降での学校での学習を強く意識したものであり、特定の知識や技能の取得に焦点を当てていることから、前述の「プログラム型」に近い。それに対し、生活基盤型は、子どもの全面的な発達を志向し、子ども一人ひとりの違いや主体性が重視されるという点で、上述の「オープン・フレームワーク型」や「子ども中心型」に近いものである。

　第4章の分析が幼児教育を受けたかどうかによる違いをみたものであるのに対し、第5章では、幼児教育の内容にまで検討の幅を広げている。どのような保育内容(カリキュラム)がその後の子どもの発達にとって有効なのか、実証的なデータに基づいて検討している。これが「ハイスコープ就学前カリキュラム比較研究」である。これについても、本書では文章のみの記述なので、わかりやすくするために表にまとめてみた。また、本書では紹介されていないデータもここには付け加えた(表3)。これをみると、プログラム直後は直接指導型のIQは一時的に高くなるものの、その効果はすぐに消滅し、その後はIQ、学力とも他のカリキュラム集団との差がなくなること、また、直接指導型には非行や犯罪が多く、結婚率は低く、人間関係や積極性においても低い得点という結果が出ている。ただ、この研究は対象となった子どもの人数が68名と少なく、その68名を3つのグループに分けているので1グループの人数は22-23名と少ないこと、また、15歳の時点ではさらにサンプルが減少し、54人(各グループ18名)となっていることに注意しなければならない(また、統計的な有意水準は10%を基準としていることにも留意が必要である)。

　これらの結果から、ワイカートは、ハイスコープ・カリキュラムの優位性を主張する。ただし、これに関しては、ワイカート自身がハイスコープ・カリキュラムの開発者であり、ハイスコープ財団の設立者であるという点は差

表3 保育カリキュラムによる効果分析

|  | プログラム型（直接指導） | オープンフレーム型（ハイスコープ） | 子ども中心型（伝統的保育学校） |
| --- | --- | --- | --- |
| ①知的能力 | | | |
| 5歳時のIQ | 104 | 97 | 92 |
| 6歳時のIQ | 99 | 97 | 93 |
| 8歳時のIQ | 91 | 92 | 90 |
| 7歳時の学力(CAT) | 100 | 102 | 106 |
| 8歳時の学力(CAT) | 160 | 167 | 154 |
| 15歳時の知的能力(APL) | 15.1 | 17.7 | 18.4 |
| ②非行(15歳時点) | | | |
| 器物破損 | 1.72 | 0.28 | 0.39 |
| 薬物乱用 | 3.17 | 1.06 | 1.89 |
| ③犯罪(23歳時点) | | | |
| 平均逮捕回数 | 3.2 | 1.5 | 1.3 |
| 重大犯罪による逮捕歴がある者の割合 | 48% | 10% | 17% |
| ④結婚(23歳時点) | | | |
| 既婚者の割合 | 0% | 31% | 18% |
| ⑤社会的行動・態度(15歳時点) | | | |
| 「家族は自分のことをあまり思ってくれない」 | 33% | 0% | 6% |
| 「スポーツに参加しない」 | 56% | 6% | 28% |
| 「最近、本を読んだ」 | 31% | 69% | 59% |
| 「学校での委員や係に選ばれたことがある」 | 0% | 12% | 33% |

出典：本書第5章および大宮, 2006; 加藤・平松・北川, 1987より作成。

し引いて考えた方がいいだろう。ハイスコープの優位性の強調は本書における一貫した主張ではあるが、それはあくまでも、カリキュラム比較研究で用いられた3種類のカリキュラムの間での優位性に他ならない。OECD(2004)では、世界の5つのカリキュラム（ベルギーの「経験による教育」、アメリカの「ハイスコープ」、ニュージーランドの「テ・ファリキ」、イタリアの「レッジョ・エミリア」、スウェーデンの「保育カリキュラム」）を比較し、ハイスコープは論理 - 分析的志向が中心であるのに対して、テ・ファリキとレッジョ・エミリアは自由な共同体的志向が顕著であるといったように、それぞれのカリキュラムは力点のおきかたが異なるとしている。世界にはさまざまなカリキュラムがあり、それぞ

れ重点の置き方が異なっている。特定のカリキュラムが唯一絶対の優れたものというわけではなく、それぞれに背景と特質があるということを理解する必要があろう。

(4) 政策的提言

上記のような分析に基づき、第6章では効果的なカリキュラム・モデルを選択することの重要性を著者は指摘しているが、同時に、カリキュラムは、保育者の研修や評価・モニタリングと不可分であることも強調している(本文の図3)。第7章では結論として、カリキュラムの選択と適用、現職研修、学級規模、評価・モニタリング、親の参加、行政システムなど、全般にわたって政策提言がされている。その内容は、特に学級規模(3～5歳児について、保育者1人に対し8人～10人)などの点で現実的には実現が困難なものも含まれてはいるが、概ね妥当な内容であると思われる。

## 3 日本の幼児教育への示唆

本書が執筆された1990年代の終わりごろから、幼児教育への注目は世界的に高まっている。2001年にOECDが *Starting Strong* を、2006年には *Starting Strong* II を発表したことは記憶に新しい。これらの報告書では先進諸国の幼児教育に関する大規模な調査結果の分析、実践事例の紹介、政策提言などがなされ、先進諸国の幼児教育関係者に大きな影響を与えている。そして2012年には *Starting Strong* III：*A Quality Toolbox for Early Childhood Education and Care* が発表された。同報告書は、保育の質を高めるための手法に焦点を当てており、保育の質的向上が国際的な関心事になっていることが分かる。

UNESCOは、2007年版の *EFA Global Monitoring Report* のテーマとして乳幼児のケアと教育をとりあげ、報告書のタイトルを『ゆるぎない基盤(Strong Foundation)』とし、開発や人権の観点から幼児教育の重要性を強調した(UNESCO, 2006)。さらに、2010年9月にモスクワにおいてUNESCO主催の

「世界幼児教育会議」が開催され、幼児教育に関する「モスクワ行動計画」が採択されている。OECD と UNESCO の双方の報告書に「Strong」すなわち「強固な」「ゆるぎない」という表現が使われているのは、幼児期が人生における強固な基盤を形成するのにきわめて重要な時期であること、幼児期の教育が個人にとっても社会にとっても強固な（ゆるぎない）基盤形成に有効な手立てとなり得ることが、世界的に共通の認識となりつつあることを示している。また、モスクワでの世界幼児教育会議は、メインテーマを「国の豊かさの構築（Building the Wealth of Nations）」としており、幼児教育が子どもの人生の基盤になるだけでなく、「国家の豊かさ」の基礎を形成するという役割をも強調している。

このように、国際的に保育・幼児教育への注目は世界的に高まっているが、日本国内ではどうであろうか。今日、「子ども・子育て新制度」や「幼児教育の無償化」「5 歳児からの義務教育」などの議論にみられるように、保育・幼児教育について大きな改革が急速に進もうとしている。2006 年に改正された教育基本法では、第 11 条で「幼児期の教育は、生涯にわたる人格形成の基礎を培う重要なものであることにかんがみ、国及び地方公共団体は、幼児の健やかな成長に資する良好な環境の整備その他適当な方法によって、その振興に努めなければならない」とされた。ただ、現状では、表4 にみられるように、OECD 諸国との比較において、日本の就学前教育費の水準は相対的に低いと言わざるを得ない。GDP に対する就学前教育費の割合、在園児 1 人当たりの就学前教育費、1 人当たり GDP に対する 1 人当たり就学前教育費の割合、いずれの指標でみても、日本の就学前教育費の水準は決して高くはなく、OECD の中では低位にある。

また、日本の保育・幼児教育の公費負担率は諸外国に比べ低水準にある。これは、国民負担率の低さとも関係しているが、日本と同程度の国民負担率の国と比較しても、日本の保育・幼児教育における公費負担率は低い（浜野, 2013）。教育費をどこまで公的負担で賄うかはさまざまな要因によって決まってくるが、一般的には、教育が単にそれを受ける個人や家庭だけが利益を

表4　就学前教育費にみる日本の特徴

| | OECD 平均 | 日本 | 順位 |
|---|---|---|---|
| GDP に対する就学前教育費の割合 | 0.6% | 0.2% | 27 位 /29 カ国 |
| 在園児 1 人当たりの就学前教育費(購買力平価) | 6,762 ドル | 5,550 ドル | 20 位 /29 カ国 |
| 1 人当たり GDP に対する 1 人当たり就学前教育費の割合 | 20.0% | 16.0% | 22 位 /29 カ国 |
| 就学前教育の公費負担割合 | 82.1% | 45.2% | 26 位 /26 カ国 |
| 就学前教育における教員(本務教員)1 人当たりの在学者 | 14 人 | 27 人 | 21 位 /21 カ国 |
| 保育者の教員給与(小学校教員給与対する比率) | 94.0% | 61.0% | 22 位 /22 国・地域 |

出典：OECD,2012,2013.

得るのではなく、社会全体が利益を享受すると判断されていることが、公費負担の根拠となろう。

　幼児教育に限らず、教育がどの程度個人・家庭の利益になっており、どの程度社会全体の役に立っているかを見極めるのは非常に難しい。しかしながら、就学前教育・保育に関しては、それが社会的な利益になると推測させる貴重なデータが存在する。最も代表的なのが、本書で紹介されているペリー就学前教育研究である。ペリー就学前教育研究はしばしば日本でも紹介され、政府の幼児教育無償化等の検討資料としても提出されている。

　ペリー就学前教育研究は保育・幼児教育に高い投資効果があることを示しており、単に個人に利益をもたらすだけでなく、社会全体にとっても多くのメリットがあることが明らかになってきた。社会的な利益としては、格差是正による公平・公正な社会の実現、子どもの貧困や問題行動の抑制、教育水準の向上、社会的連帯の強化、女性の就労促進など、さまざまな分野において期待される。

　ペリー就学前教育研究は、就学前教育による社会的効果(犯罪の抑制など)を明らかにしたが、これはあくまでもアメリカでの研究であり、日本では同様のデータは存在しない。日本においてもペリー就学前教育研究と同様の実験

研究が実施可能か、また、同様の結論が得られるかどうかは現時点では不明である。ただ、日本でペリー就学前教育研究と同じような実験を実施することはきわめて困難であると思われる。というのは、ペリー就学前教育研究（本書第 4 章）にしても、ハイスコープ就学前カリキュラム比較研究（本書第 5 章）にしても、対象となる子どもをランダムに割り振らねばならないからである。日本の教育界においてこのような「実験」が受け入れられる可能性は乏しいし、ペリー就学前教育研究と同様の分析を行うためには、長期（数十年）にわたって同じ子どもを追跡しないといけない。ただ、だからといって、現在の日本で課題となっている保育・幼児教育の質的向上や「子どもの貧困」、学力格差等に代表される教育格差の問題を放置していいという理由にはならない。現状では諸外国の研究結果を日本でも同じと考えるか、それとも、外国の結果は参考程度とみるかによって、政策の方向性も変わってくるであろう。

日本のおいても就学前教育の効果に関して研究がないわけではない。例えば、赤林らは、都道府県別の長期データを用いて、幼稚園在学率・保育所在籍率がいずれも高校進学率、大学進学率に正の影響を及ぼしているとしている（Akabayashi and Tanaka, 2013）。また、小原らは全国学力・学習状況調査の都道府県別データから、国語および算数の平均正答率と、新生児時点の都道府県別平均体重のデータから、成績と低体重児割合の間に負の相関があるとしている（小原・大竹, 2009）。内田らは、日本の幼児に対する家庭の養育行動と子どもの成績との間に関連性を見出し、家庭において「共有型」のしつけスタイルが、家庭の収入を統制しても子どもの学力にプラスの効果があり、教育格差克服の鍵を握ると指摘している。これらの研究は、日本においても就学前の子どもに対する適切な介入が、子どもの将来を変え、格差克服に寄与する可能性があることを示唆している（内田・浜野編, 2012）。

ペリー就学前教育研究は「保育・幼児教育の長期的効果」を明らかにしたが、ここで注意すべきことが 2 つある。第一は、ペリー就学前教育計画で提供された幼児教育の「質」である。幼児教育なら質を問わず大きな効果があるというわけではない。あくまでも「良質な」幼児教育が長期的な効果をもたらした

のである。ペリー就学前教育研究の場合、保育者と子どもの比率が、保育者1人に対して幼児(3・4歳児)6人程度という非常に配慮が行きとどいた条件設定であった。ペリー就学前教育計画では、これだけの高いコストをかけて質の高い環境を整備したことがその後の長期効果を生んだと考えられる。また、幼児教育であればどんな条件・内容でも効果があるというわけではなく、あくまでも「質の高い」プログラムこそが大きな効果につながるということをペリー就学前教育研究は示唆している。

そして第二は、幼児教育の偉大なる効果は、貧困層・マイノリティなど社会的に不利な立場の幼児を対象としたときに大きな効果を発揮するということである。本書でも述べられているように、ペリー就学前教育計画はアメリカのヘッド・スタート計画という文脈において実施されたし、ペリー就学前教育研究の対象者はいずれも黒人貧困層である。このように、「質の保証」と「恵まれない立場への配慮」があって初めて、就学前教育が「公益」として高い効果を発揮するということを忘れてはならない。

ワイカートのハイスコープ・カリキュラム研究の意義について加藤・平松(1987)は、第一に、長期的な追跡研究であること、そして第二に、教育の効果を知的な結果だけではなく、社会的・道徳的な分野の結果にも目を向けていることをあげ、日本のカリキュラムについて「目標、内容、方法、評価のいずれにおいても、単なる伝統(習慣)と主観(恣意的な好み)によって支配」されていると批判している。先にも述べたように、日本でハイスコープ・カリキュラム比較研究と同様の研究を行うことは困難であるが、日本の幼児教育において評価や効果分析はこれまで十分には行われてこなかった。今後、OECDをはじめ世界各国において、「保育の質」がますます重視され、「保育の質」がますます問われるようになってくると思われる。効果や結果だけが「保育の質」ではないかもしれないが、今後、議論を深めていく必要があろう。

## 4 国際教育協力の潮流と幼児教育

　周知のように、本書の発行元であるIIEPは、教育計画の研究所であるが同時に、教育計画等に携わる行政官(主に発展途上国の教育行政官)への研修機関でもある。本書は、その研修資料としても使われており、発展途上国の保育行政の能力向上にも有効なものであると思われる。

　1990年代以降、国際教育協力の場において、就学前教育や乳幼児発達支援など、就学前の幼児に関する国際協力の重要性が認識されるようになってきている。1990年の「万人のための教育世界宣言」(ジョムティエン宣言)では、基礎教育の一部として幼児期のケアや就学前教育を含めている。それは、乳幼児発達そのものの重要性の認識の広まりとともに、就学前教育を拡充することにより学習へのレディネス(readiness to learn)が形成され、それに続く初等・中等教育のアクセスと質の拡充につながるという考え方に基づいている。

　2000年の「ダカール行動枠組み」においては、6つを目標として掲げているが、ゴール1として「就学前教育の拡大・改善」が掲げられている。そこでは、「総合的な幼児のケアと教育(ECCE)、特に不利な立場に置かれた子どもたちに対するそれを拡充していく」ことがうたわれている。また、すでに述べたように、UNESCOは、2007年版のEFA Global Monitoring Reportのテーマに乳幼児のケアと教育をあげ、誕生から就学前くらいまでの乳幼児に対する適切なケアと教育が、特に社会的に不利な集団において、その後に人生における確固たる基盤になることを強調している(UNESCO, 2006)。今後、幼児教育は国際教育協力においてこれまでにもまして注目される分野となるものと思われる。

　国際的には、国連MDGs(ミレニアム開発目標)等が初等教育の完全普及や男女格差の解消などを教育に関する最重要課題として掲げる一方で、UNESCOや世界銀行が乳幼児発達支援(ECD)に注目する背景には、それだけの理由がある。それは、これまでの研究が一貫してECDにはさまざまな効果があることを示していることである。詳細は浜野・三輪(2012)に譲るが、これま

でに指摘されてきたことをまとめると、ECD は、①収益率が高く、②貧困削減と基礎教育の普遍化という開発課題の達成において有効な手立てとなりうる、③初等中等教育における留年や中途退学を減少させる、④子どもの身体的・知的・情緒的な発達を促進させる、⑤家庭や地域の連携を強化する、⑥母親の就労を促進する、⑦女子の就学を促進するなど女子教育へのインパクトが大きい、⑧経済成長を促進する、といった効果があげられる。

　このように、ECD は、開発への貢献と同時に、人権という観点からもその重要性が指摘される。周知のように、1989 年、国連総会は、世界で最も広く批准されている人権宣言、いわゆる「子どもの権利条約（児童の権利に関する条約）」(CRC) を採択した。この条約は各国に拘束力のある文書として、国内の法や慣例に必ず反映させるというものであり、子どもの権利にとって新しい局面を開くものであった。「子どもの権利条約」においては、第 3 条で児童に関するすべての措置をとるにあたって「児童の最善の利益」を考慮するとしている。この条約でいう「児童」は、18 歳未満のすべての者を含むので、乳幼児についてもむろん「最善の利益」が考慮されねばならない。

　乳幼児のケアと教育に関する内容では、第 6 条で「締約国は、すべての児童が生命に対する固有の権利を有することを認める」「締約国は、児童の生存及び発達を可能な最大限の範囲において確保する」とし、子どもたちの生命、生存、発達に関する権利を保障した。また、第 24 条では「締約国は、到達可能な最高水準の健康を享受すること並びに病気の治療及び健康の回復のための便宜を与えられることについての児童の権利を認める。締約国は、いかなる児童もこのような保健サービスを利用する権利が奪われないことを確保するために努力する」として、乳幼児死亡率の低下などに適切な措置をとることが規定された。さらに、第 27 条では、子どもの発達のための「相当な生活水準」についての児童の権利を保障している。

　このように、子どもの権利条約においては、子どもの「最善利益」を基本原則とし、生命や生存、発達、健康の権利とそのための環境に関して、（乳幼児も含めた）子どもたちの基本的な権利についてうたっている。子どもの権利条

約は乳幼児に特化したものではないが、乳幼児に特化したものとしては、子どもの権利委員会による「一般的意見7号」(2005年)がある。そこでは、とくに乳幼児に当てはまる権利について詳細な項目が掲げられ、乳幼児の発達支援の重要性が強調された。「一般的意見7号」では、乳幼児は子どもの権利条約に定められているすべての権利の保有者であり、保護や社会化の「対象(客体)」ではなく、意見を表明し、権利を行使する「主体」であるとの考え方が前面に出されている。そして、乳幼児期の特性を踏まえた総合的な取り組みを強調するとともに、乳幼児の権利保障のための諸条件の整備(人的、財政的な条件整備)の必要性を指摘している。

　このように、ECDの効果は、開発面でも人権面でもその重要性が主張されており、その必要性は指摘されてはいる。しかし、現在、発展途上国においてはECDが十分に普及しているとはいえない。保育・幼児教育施設は都市部に集中しており、農村部や貧困層における普及率はさらに低くなっている。また、幼稚園の教員や保育士など、ECDにかかわる専門的な人材が不足しており、教材も十分ではない。また、最大の問題は資金不足であり、多くの途上国政府は保育・幼児教育に対して十分な財政的支援をしていないのが現状である。

　途上国における幼児教育が十分普及しているとは言えず、国家間でも、国内においても大きな格差が存在する。先進国においては幼児教育・保育の質向上が中心的なテーマになりつつあるが、途上国においてはその普及格差が大きな問題である。また、途上国において乳幼児は栄養、衛生、安全などの面で多くのリスクに直面しており、それが乳幼児死亡率や栄養失調をもたらしている。せっかく小学校に入学しても幼児期における適切なケア・教育の欠如から学校での就学レディネスができておらず、学業不振に陥る児童も多い。そのような状況が存在するだけに、ECDを通じた教育格差の是正に対する期待は強い。

　ただ、長期的なトレンドをみると、途上国の幼児教育は確実に拡大を続けてきている。世界全体でみると、就学前教育の在籍者数(就園者数)は急速に

増加しているが、これは、主として、途上国における就園者数の急速な増加を反映したものである。1975年以降の就園者数の推移をみると、先進国の就園者数はほぼ横ばいなのに対し、途上国における就園者数は急速な伸びを示している。就学前教育の在学者数は、途上国全体でみると、1970年代の半ばには1,370万人であったが、1990年には4,800万人、2007年には1億550万人となっている。過去30年の間に、就学前教育の在学者数は7倍以上に膨れあがっており、特に1990年以降は、途上国全体における0〜4歳人口はごくわずかな増加であったにもかかわらず、就園者数は大幅に増加している。それにともない、就園率も上昇傾向にある。途上国の就園率(3〜5歳)のデータを見ると、1999年の27％から、2011年には43％に上昇している(UNESCO, 2006, 2012)。

　このような幼児教育拡大を背景として、我が国の幼児教育への国際協力も展開されつつある。青年海外協力隊の派遣、研修員受け入れ事業などが進んでいる。今後は、国際協力として幼児教育のさまざまな分野への協力可能性があると思われる。例えば、不利な立場にある子どもたちに向けての保育活動、農村部や僻地への教育の普及、健康に関する指導、政策的な枠組み作り、幼稚園と保育所との連携(教育と社会福祉の連携)、保育者・教員の養成、大学附属幼稚園の機能、教育統計データの収集と情報マネジメント、など、カリキュラムの策定とモニタリング・評価など、専門的に日本が貢献できる部分は少なくないはずである。いずれにせよ、途上国側の実態とニーズを十分に踏まえて、適切な協力活動を展開していくことが重要である。国際協力は決して特定のモデルの押し付けであってはならず、協力する側・される側が相互の理解に基づき、ニーズと解決策を見つけていかねばならない。そのためには、保育に関するお互いの知見や実践に関して意見交換を行う「対話」が不可欠である。本書は、そのような国際対話に向けての手がかりとしての「枠組み」を提供しているように思われる。

<参考文献>

Akabayashi, H. and Tanaka, R., 2013. Long-Term Effects of Preschooling on Educational Attainments, KEIO/KYOTO GLOBAL COE DISCUSSION PAPER SERIES, DP2012-033.
浜野隆, 2013.「就学前教育・保育の財政と費用負担—国際比較の視点から」『教育』2013年10月号、27-37頁。
浜野隆・三輪千明, 2012.『発展途上国の保育と国際協力』東信堂。
加藤泰彦・平松芳樹・北川歳昭, 1987.「幼児教育カリキュラムの効果の追跡比較（I）：追跡比較研究の意義とワイカート・レポートの概要」日本保育学会編『日本保育学会大会発表論文抄録』No.40、208-209頁。
加藤泰彦・平松芳樹, 1987.「ワイカート・レポートの概要とその意義—幼児教育カリキュラムの追跡比較研究（1）—」『中国短期大学紀要』第18号、35-45頁。
小原美紀・大竹文雄, 2009.「子どもの教育成果の決定要因」『日本労働研究雑誌』588巻、67-84頁。
OECD, 2004. *Five Curriculum Outlines: Starting Strong Curricula and Pedagogies in Early Childhood Education and Care,* Directorate for Education, Paris: OECD.
OECD, 2006. *Starting Strong II: Early Childhood Education and Care,* Paris: OECD.
OECD, 2012. *Quality Matters in Early Childhood Education and Care*: Japan 2012, http://www.oecd.org/edu/school/qualitymattersinececcountrypolicyprofiles.htm（2013年10月25日アクセス）。
OECD, 2013. *Education at a Glance,* Paris:OECD.
大宮勇雄, 1996.「保育カリキュラムの『構造化』と子どもの生活経験の質—欧米における『保育の質』研究の到達点」『福島大学教育学部論集』第60号、91-110頁。
大宮勇雄, 2006.『保育の質を高める—21世紀の保育観・保育条件・専門性』ひとなる書房。
Schweinhart, L. J.; Montie, J.; Xiang, J.; Barnett, W. S.; Belfield, C. R. and Nores, N., 2005. *Lifetime Effects: The High/Scope Perry Preschool Study through Age 40.* Ypsilanti, Mich., High/Scope Press.
玉置哲淳, 1995.「アメリカの幼児教育課程の類型論的研究試論—その1—」『エデュケア』第16号、1-8頁。
内田伸子・浜野隆編, 2012.『世界の子育て格差』、金子書房。
UNESCO, 2006. *EFA Global Monitoring Report 2007,* Paris.
UNESCO, 2012. *EFA Global Monitoring Report 2012,* Paris.

目次／幼児教育への国際的視座

教育政策研究の地平を拓く　マーク・ブレイ……………………………… i
「ユネスコ国際教育政策叢書」日本語版序文　黒田一雄・北村友人 ……… iv
はじめに　T・ネヴィル・ポッスルウェイト ………………………………vii
解説：保育の「質」と「長期効果」　浜野　隆 …………………………… ix
 1　本書の意義（ix）
 2　本書の概要と若干の補足（x）
 3　日本の幼児教育への示唆（xvi）
 4　国際教育協力の潮流と幼児教育（xxi）
  ＜参考文献＞（xxv）

| 序　文……………………………………………………………………… 3 |
| --- |

| 第1章　幼児教育：小史…………………………………………… 6 |
| --- |

**Box 1.　中国における幼児教育**（8）
 幼児教育が必要とされる根拠………………………………………… 10

| 第2章　保育サービスの使用：その課題と政策……………………12 |
| --- |

 IEA幼児教育プロジェクト実施の背景………………………………… 13
 IEA幼児教育プロジェクトの結果……………………………………… 14
 家族以外の保育者・教師……………………………………………… 19
 保育サービスの場……………………………………………………… 20
 小　括…………………………………………………………………… 21

| 第3章　幼児教育への期待：子どもたちは何を経験すべきなのか…23 |
| --- |

 就学前の子どもは何を学ぶべきなのか……………………………… 24

教師は何を期待するか：子どもの発達に関する
　　　8つの領域の中で何を優先させるか ……………………… 25
　　保護者は何を期待しているか：子どもの発達に関する
　　　8領域の中で何を優先させるか …………………………… 27
　　教師と保護者の期待の共通点 …………………………………… 28
　　教師と保護者は子どもの発達領域をどのように捉えているか … 28
　　教師・保護者はそれぞれ相手の期待をどのようなものだと
　　　思っているか ………………………………………………… 29
　　子どもの発達に関して教師や保護者は
　　　どちらが責任を持つべきだと考えているか ……………… 30
　　教師・保護者による期待は社会的背景によって
　　　どのように異なるか ………………………………………… 31
　　教師と保護者の期待が一致する要因 ………………………… 31

## 第4章　幼児教育の効果：学業達成と生産性 …………………… 35

　　保育の質の追求：その歴史 ……………………………………… 36
　　年齢に適した教育 ………………………………………………… 37
　　基礎としての言語と経験 ………………………………………… 38
　　子どもたちはどのように学ぶか ………………………………… 39
　　プログラムの主要要素：
　　　計画(plan)―実行(do)―振り返り(review) ……………… 40
　　子どもは何を学ぶか ……………………………………………… 41
　　乳幼児保育プログラム(誕生から2歳まで)：
　　　その有効性の検証 …………………………………………… 42
　　就学前教育プログラム(2歳から6歳まで)：
　　　その有効性の検証 …………………………………………… 46
　　就学前教育プログラムによる効果はしだいに消失するか …… 46
　　ハイスコープ・ペリー就学前教育研究 ………………………… 47

| 第5章　幼児教育カリキュラムのモデル：
　　　　プログラムはすべて機能するのか？……………………51

　　就学前カリキュラムの比較研究……………………………　53
　　ヘッド・スタートの効果分析………………………………　54
　　就学前教育に関する最近の短期研究………………………　55
　　ハイスコープ就学前カリキュラム比較研究………………　57
　　カリキュラム・モデルとプログラムの質…………………　60
　　公共政策への教訓……………………………………………　61

| 第6章　有効なカリキュラム・モデル：選択と活用……………62

　　効果的なカリキュラム………………………………………　63
　　**Box 2.　ハイスコープ指導者研修評価**（66）
　　効果的な研修システム………………………………………　69
　　効果的な評価システム：子どもの発達とプログラムの実施……　69

| 第7章　政策提言：幼児期の発達の社会的貢献…………………72

　1.　内容が明確で、文書化されているモデル・カリキュラムで、
　　　その有効性が広く認められているものを使用する…………　74
　2.　体系的な現職研修プログラムを提供すること。そして、
　　　それは、プログラムにかかわっている子どもや保護者、
　　　プログラムスタッフについての知識が豊富で、しかも、
　　　採用されているモデルに精通している指導者によって
　　　研修の実施が継続的に監督されること………………………　75
　3.　就学前の子ども (3〜5歳児) に関しては、1人の
　　　保護者につき8人から10人の子どもが割り当てられて
　　　いるときに、最も学習効果が高くなる…………………………　77
　4.　プログラムによる子どもの成長を評価し、モデル・

　　　　カリキュラムが実際に実施されたかどうかを確認するため、
　　　　適切な評価システムを使用する……………………………………　78
　　5．保護者による積極的な参加は、プログラムの根幹をなす　…　79
　　6．プログラムが有効に運用されるためには、
　　　　十分なリソースと優れた行政システムが必要となる。………　80
　　政策決定に向けての課題（Challenging decisions）………………　81
　　結　語……………………………………………………………………　83
参考文献……………………………………………………………………………84
資料　国際教育計画研究所とその叢書：教育計画の基礎
　　　ジャック・アラック……………………………………………………87
索　引………………………………………………………………………………90

幼児教育への国際的視座

# 序　文

　15年前、いや、10年前でさえも、保育や幼児教育が公共政策の課題としてとりあげられることはなかった。この問題が世界中の政府機関、社会政策担当者の注目を集めることになった背景には、2つの大きな社会変化が存在する。まず第1に、世界のほぼすべての地域における女性による職場への進出があげられる。この傾向が加速した背景には、発展途上国における自給自足農業の後退とそれにともなう都市部への人口流入、先進国に住む女性の学歴水準の向上と職業機会の増加がある。しかし、こうした女性による職場進出が増加したとき、いったい何が子どもに起こるのかは定かではない。2つ目の大きな変化は、保育や幼児教育の影響を長期にわたって調べた実証研究において、良質なプログラムに参加する機会を与えられた不利な立場の子どもに、著しい有益性が報告されたことである。アメリカの「ハイスコープ・ペリー就学前教育研究(High/Scope Perry Pre-school Project)」などの良質な比較研究により、経済的に貧しい子どもでも、就学前教育プログラムに参加することで、成人期まで継続する長期的な改善を得られることが明らかになった。幼少期におけるこうした改善は、犯罪の減少、雇用の増大、家庭生活における安定性の向上など、社会全体の重要な関心事に関連している。両親ともに働いている家庭の保育ニーズを満たすために、また、良質な幼児教育プログラムの提供が社会全体に利益をもたらすという事実に基づいて国づくりを進めていくためにも、現在世界中の多くの国々が、保育サービスの提供にこれまでになく注目している。

　本書では、保育と幼児教育をさまざまな視点から分析する。第1章では保育と幼児教育を歴史的視点から考察する。また、2つの国における保育サービス発展の歴史の概略も述べられている。これらの概略は、国際教育到達度評価学会(IEA)の後援のもとで行われた就学前教育の調査研究(IEA幼児教育

プロジェクト）のために準備された分析結果をもとに作成されたものである。「ハイスコープ教育研究財団（High/Scope Educational Research Foundation）」は、この研究において国際的な調整機関としての役割を担っている。第1章の小史は、幼児問題における最近のさまざまな変化に関する最新情報など、この本の他の部分で示されている記述の背景部分をなすものである。

　今日、保育や幼児教育の必要性はよく話題にされるが、保育サービスは、それぞれの国において実際どの程度普及しているのだろうか。これに関しては第2章で詳しく記述されているが、11カ国、21,545世帯が参加した「IEA幼児教育プロジェクト」の世帯調査によりその利用実態が明らかにされている。この調査の標本は、国全体としての実態が明らかにされるよう、都市部や農村部の両方から無作為に抽出された。教育計画の観点からみて意義深い点は、この調査により保育サービス利用の範囲や形態だけでなく、サービスへの満足度が明らかにされたことである。家庭外プログラムにおいて、教師や家族が実際子どもに何を学んでほしいと期待しているかについては、第3章で述べられている。幼児期という人間の成長にとって非常に重要な時期に、子どもがかなりの時間を家庭の外で過ごしている場合、それによりどういった結果がもたらされるのかということは、保護者にとって重要な問題である。社会は市民の育成の大部分をそれぞれの家庭（現代においては代替家族）に委ねていることを考慮すると、この問題は社会全体にとっても重要な意味を持っていると言える。家庭が子どもを社会の一員として育てるために何ができるかについては、私たちは多くのことを知っている。では、幼児教育施設（そこには、血のつながっていない子どもたち、給与をもらって働く保育者、教師の集団がいるわけであるが）は、いったい何ができるのであろうか。

　幸いにも、家庭外の保育や教育が子どもに及ぼす効果については、多くの実証的な研究なされてきている。また、十分なお金をかけられない場合に、保育サービスを何歳から受けるのが最も適切かについてもすでに情報が存在する。第4章では、就学前教育プログラムとその内容に関してどのような選択が可能かについて述べられている。この章で特に注目されるべきは、プロ

グラム参加者に関する 20 年以上にわたる追跡調査を含む、アメリカのハイスコープ・ペリー就学前教育研究における調査結果に関する報告である。通常、政策立案者は、これほどまでに長期間の追跡を行い、統制群を設けたうえで幼児教育の効果を調査することはめったにできない。しかし、第 5 章では、ハイスコープ・ペリーにおける調査でみられたような投資に対する収益がどの保育プログラムでも得られるわけではないことが警告されている。さまざまなカリキュラム・モデルが利用可能であるが、その中でも、幼児教育の専門家以外の大部分にとって最も論理的にみえるのが、小学校入学後の高学力のために必要な知識を幼児に学ばせるという手法である。しかし、実証研究のデータは、それとは逆の結論を支持している。すなわち、保育が成功するかどうかは、子どもが自発的に物事を知り始め、知識を構築しようとする欲求を認め、子ども一人ひとりの発達レベルを尊重できるか否かによるという結論である。この種の経験こそが、生きるための基盤として必要なのである。建物の屋根板はアスファルトでも、わらぶきでも、瓦でもかまわないが、基盤だけは確固たるものでなければならない。

　第 6 章では、効果的なカリキュラムの選択基準、カリキュラムのアプローチを実際に使用するスタッフ（教師やその他の大人）に対するトレーニングの重要性に焦点が当てられている。保育や幼児教育の効果がほとんど知られていないころは、また、保育サービスの提供が主に子どもの健康（身体的や精神的）や安全の確保を目的に行われていたころは、実際に子どもに対してどういった保育プロセスが子どもに適用されているかについてほとんど考えが及ぶことはなかった。しかし、現在は大きく状況が変わっている。卓越した保育技術が不可欠であり、私たちの責任も明らかである。つまり、プログラムは、適切な訓練と指導を受けたスタッフを供給し、子どもたちに備わった潜在能力を開花させることが必要なのである。

　最終章では、効果的な保育プログラムの計画や運用にまつわる主な問題点について議論している。

# 第 1 章　幼児教育：小史

　大部分の国において、今日行われているような保育・幼児教育というものは、ごく最近になってから誕生したものである。歴史的にみて、子ども、特に女子が、どの程度社会や家庭への依存者(liabilities)とみなされ、養育というよりは無関心にさらされてきたかについては、幼児教育に関するさまざまな歴史研究(Cleverley and Phillips, 1986; Osborn, 1991 など)で明らかにされている。実際、放置による乳幼児の死亡や、それよりはまだ良いとされる「ポッティング」(「つぼに入れる」の意。モーゼも幼児期に体験した)と呼ばれる幼児遺棄行為が疑問視されるようになったのは、1900 年代に入ってからのことであった。子どもにこのような扱いをすることは、最終的に違法と認識され、政府はこうした行為を減少させるよう努力するようになった。しかし、世界では、拒絶や、ネグレクト(育児放棄)の形態は過去とは異なってはいるものの、この問題は今もなお存在している地域もある。中絶による男女の出生差別は多くの国で行われている。幼い女子や障害を持った子どもに対するネグレクト(育児放棄)や無関心はいまだに続いている。児童買春や子ども奴隷は今もなお存在している。

　過去において、児童労働が工場や農村で重宝されていたのは事実である。働く児童が置かれていた状況は劣悪なものであった。しかし、それでも当時の大部分の世帯が置かれていた状況に比べれば、その不潔さ、貧窮さという点においてはまだましであるケースが多かった。しかし 1800 年代になると、フランス(1844 年、マルボー)やドイツ(1799 年、オベルラン。1801 年、ペスタロッチ。1837 年、フレーベル)で多くの改革者が、子どもの発達や成長のプロセスを理解し始めた。彼らは幼児期と成人期の違いや、子どもは単に「小さな大人」ではないということに気づき始めたのである。そこで、フレーベル(1837 年から活動を開始)やマクミラン姉妹(1913 年から活動を開始)のような先駆者達

は、多くの子どもを対象とする実際のプログラムに、彼らのそうした考えを反映させる試みを始めたのだった。

　OlmstedtとWeikartは自らの著書 *How nations serve young children*（国家は幼児にいかにサービスを提供するか）の中で、ナイジェリアから中国、ドイツに至るまで、14カ国における幼児の歴史をまとめている（Olmstedt and Weikart, 1989）。これらの歴史それぞれにおいて、保育・幼児教育は、第二次世界大戦後になって発展し始めたということが明らかにされている。しかし同時に、これらの大部分の国において、保育・幼児教育が現在の状況に至るまでには、長年にわたっていくつかの段階を経て発展することが不可欠であったこともまた事実である（Box 1 にある中国における発展プロセスを参照）。

　アメリカでは、特別な教育ニーズを持つ子どものために何かがなされなければならないという 1950 年代における認識の高まりとともに、大きな改革が開始された。当初はその焦点が障害児だけに当てられていたが、公民権問題に関する意識の高まりが教育の分野にまで広がり始めた 1960 年代には、その範囲が貧困層の子どもにまで拡大された。「ヘッド・スタート・プログラム」の出現以前の 1960 年代前半においても、すでに「文化剥奪」といった表現は使われ始めていた。ヘッド・スタート・プログラムとは、1965 年にリンドン・B・ジョンソン大統領により、「偉大なる社会」の貧困撲滅プログラムの一環として開始された。ヘッド・スタート・プログラムは、貧困世帯やその子どもを対象に、保健、教育など一連の社会的サービスを提供する目的で創設された。1999 年には、このプログラムに年間 40 億ドルの予算がつぎ込まれ、79 万 8,000 人の子どもへの支援が実施された。これらの子どもの問題の原因が、貧困や彼らの文化やニーズへの社会的な無関心によるものであると認識され始めると、「文化剥奪」という表現は次第に使われなくなり、こうした状況は代わりに「経済的に恵まれない」という表現が使われるようになった。

### Box 1.　中国における幼児教育

#### 家庭内での教育

　幼児教育が広く注目を集めるようになったのは、「六芸教育(Six Arts Education)」と呼ばれた幼児のためのカリキュラムが初めて出現した、紀元前11世紀の西周王朝にさかのぼる。このカリキュラムに基づき、幼児は自分で食事ができるようになったらすぐに、右手を使うよう教えられた。子どもたちは6歳で上下左右などの方向を認識するよう教育され、読むことを習った。また、7歳になると礼儀作法を教えられた。

　紀元前7世紀の左伝(Zuo Zhuan)では、幼児には物質的な利益ではなく正義が教えられるべきであるという考え方が広まった。紀元前2世紀の西漢王朝では、教育に関する古書『大戴礼記：保傅(Da Dai Li Ji. Bao Fu)』の一節「子どもが質問できないうちに子どもを教育すれば、子どものしつけは最も容易になされる」が好んで引用された。西漢王朝においては、環境や教育が子どもたちの知識や能力、道徳性を育てたり、変容させたりするということが認識されるにつれ、徐々に教育に関する理論が形成されていった。その後2世紀の『閭家族規(Yan's Family Instructions)』には次のようなことが明瞭に述べられている：「幼児は教育なしに愛されることはない。教育を受けずに育った子どもの両親には、たとえ彼らが子どもを厳しく罰しているとしても、威信のかけらも存在しないであろう。彼らの子どもの無作法に対する親の怒りは、子どもの敵意を生むだけである。」

#### 幼児教育施設の登場

　20世紀前半の中国では、幼児を対象とする教育施設が設立され、幼児教育はしだいに発展していった。この発展の大部分は中国の2人の近代教育専門家、陶行知(Tao Xingzhi)と陳鶴琴(Chen Heqin)の貢献によるものであった。

　陶行知(1891-1946)は幼児教育が人生の基盤になると考えていた。彼は、個人の人生にとって重要な要素のすべて、例えば習慣、好み、態度などは、ほと

んど6歳以前に確立されてしまうもと考えていた。1927年から、陶行知は庶民へのサービス提供を目的に、郷村幼稚園の設立を開始し、1934年には、上海の女性労働者の子どもを対象とする労工幼稚園を創立した。労工幼稚園の創立は「私たちはまさに労働者と農民のために幼稚園を創立する」という彼の信念にそって進められたものである。

陳鶴琴は、1920年から開始された自らの子どもの長期間にわたる観察など、子どもの発達に関する研究を実施した。その後その研究結果は「Study on child psychology（児童心理之研究）」と「Familial education（家庭教育）」という2つの著書にまとめられた。彼は、カリキュラムや教育設備における一連の実験に基づき、幼稚園運営のための15の提言をまとめている。ここではその一部を紹介する：

- 幼稚園は中国の実状に合ったものでなければならない。
- 幼稚園と家庭の双方が、子どもの教育の責任を負わねばならない。
- 幼稚園のカリキュラムは、環境と社会に関する子どもの理解を促すことに重点が置かれるべきである。
- 幼稚園はまず第一に、子どもの健康に注意を払わなければならない
- 幼稚園は子どもの良き習慣を育てる場所でなければならない
- 幼稚園においては遊びやゲームが子どもの主な教育方法である
- 教師は子どもと親しい関係をつくらねばならない
- 指導は多くの場合、小集団で行われるべきである

**1949年以降の幼児教育の概要**

幼児教育の新時代は、中華人民共和国の設立とともに始まった。1950年代には、「新民主主義」論に基づく幼児の保育・教育が幼稚園の任務として課せられるようになる。幼稚園の目的は、小学校入学前の子どもの健全な発達を促すこと、および、子どもを持つ母親が政治活動、生産活動、文化活動や教育活動に参加できるよう、彼女たちの子育ての負担を軽くすることにあった。1955年の1月と6月には、国務院や教育省により、工場、軍隊、政府機関や学術機関に、それぞれのニーズと資源に応じた幼稚園を独自に運営するよう求める文書が通知され、それにより、各地域の教育委員会にも幼稚園への教師の配置が求めら

> れた。
>
> 　概して、当時の政府の文書には以下の見解が含まれていた：(1) 3歳から6歳までの教育は国民教育の第1段階である。(2) 都市部や農村部の両方において幼児教育の発展を実現するには、さまざまな資源や組織の動員が必要である。(3) 教育目標、通常業務、および子どもにとって適したカリキュラムに関しては、明確な要件が定められていなければならない。(4) 幼稚園教員の養成・研修に努めなければならない。

出典：Shi Hui Zhong, 1989, In Olmstedt and Weikart, 1989: 241-254 所収。

### 幼児教育が必要とされる根拠

　さまざまな理由から、就学前教育は行政にとっては特に魅力的な事業である。大部分の国において、教育は生産性を高め、生活を改善する手段として位置づけられていた。

　多くの貧しい子どもたちは、入学時にハンディを背負っている。なぜならば、それらの子どもは、幼稚園や小学1年において平均的な子どもに期待されるスキルや習慣や態度を発達させる機会を与えられたことがないためである。このような発達の遅れは、知的能力や学力が低いという形で現れる。たとえ貧しい子どもたちが他の点では発達上より優れていたとしても、彼らは、入学への準備が十分にされなかったがために、必要もないのに(回避可能であるのに)特別学級に配置されたり、進級させてもらえなかったり、くり返し低い成績をとったりして、早期に学校を中退せざるを得ない状況にまで追い込まれていくのである。

　そこで、貧しい子どもたちに「ヘッド・スタート」を与えようとする考え方が、1960年代に教育関係者や社会科学者の間で流行した。試験的な就学前プログラムは増加の一歩をたどったが、こうしたプログラムに関する科学的な研究はほとんどなされなかった。大部分の研究ではこうしたプログラムの短期的な効果の評価のみを行ってきた。つまり、これらのプログラム終了か

ら10年後もしくはそれ以上に及んだ影響に関する分析を行った研究はごくわずかしかない。

　幼児教育プログラムに関する最も詳細にわたる調査では、幼児期が成人期に大きな影響を与えることが示唆されている。さまざまな研究結果をまとめると：

- 良質な幼児教育プログラムに参加した貧しい子どもは、知的にも社会的にも、学校での学習準備がより整っている。
- このようにスタート時において状況が改善されることは、子どもが学校でより良い成績をおさめることにつながる。良質な就学前教育プログラムに参加した貧しい子どもの間では、特別な補習教育を受けさせられたり、留年したり、問題行動をとる子どもの割合は非常に低くなっている。
- 学校でいい成績をおさめることは、青年期や成人期における成功につながることが多い。非行に走ったり、10代で妊娠する割合も低下するし、生活保護の利用率も相対的に低い。そして、高校卒業率やその後の就職率は相対的に高い。すなわち、幼児教育を受けた子どもは、経済的にも、社会性の面でも著しい改善が認められる。

## 第2章　保育サービスの利用：その課題と政策

　家庭外での保育や幼児教育が世界的に拡大するにつれ、そうしたサービスの開発や提供にまつわる問題について多くの議論がなされるようになってきた。こうした議論を促進したり、公共政策の形成に根拠を与えるような研究は、当初は十分ではなかったが、次第に増え始めてきている。

　まずはじめに、150カ国の幼児の発達に関する統計資料が、国連(UNESCO, 1989)により現在に至るまで提供され続けてきた。加えて、Robert Myers (1992) による *The twelve who survive*(生き残った12人)では、発展途上国における政策や調査に関する包括的な要約が述べられている。Moncrieff Cochran (1993) や29カ国を代表するそのほかの著者による *International handbook of child-care policies and programmes*(保育政策やプログラムのための国際ハンドブック)では、スウェーデン、イタリアなどの先進国からベトナム、ジンバブエなど貧困と闘う発展途上国に至るまで、さまざまな国の実態に関する情報が提供されている。ここで注目すべきは、保育や幼児教育の利用に関する家族の視点からの分析は、これらの文献のいずれによっても行われていない点である。まさにこの調査こそ、国際教育到達度評価学会(IEA)の後援のもとで行われた「IEA幼児教育プロジェクト」の目標だったのである(Olmstedt and Weikart, 1989；Olmstedt and Weikart, 1994；Weikart, 1999)。

　IEAプロジェクトの各フェーズにおいて、研究者は、ベルギー、中国、フィンランド、ドイツ、香港、イタリア、ナイジェリア、ポルトガル、スペイン、タイ、アメリカの11カ国それぞれの世帯を対象に、地域で利用可能な保育・幼児教育発達サービスを使っているか使っていないかについて調査を行った。

　調査の目的は、対象世帯それぞれに回答を求め、政府や民間により提供されている保育・幼児教育サービスの中で、親たちはどのように家族のニーズ

や希望を満たそうとしているのか、直接確認することにあった。これらの情報は、それが最大限的確な方法で入手されているため、国の政策決定における適切な根拠としての役割を果たせるはずである。IEA の調査はさまざまなタイプの国を対象としている。すなわち、総合的で適切に設計された保育制度を持つ国から、その場その場での対処療法的な対応の結果、つぎはぎだらけの保育制度しか存在しない国、または、保育制度がまったく存在しない国、民間による大規模なサービス提供が行われている国、政府により保育が独占されている国まで、多岐にわたっている。このように、さまざまに背景の異なる国から同様のデータを収集することで、どの国においてもとりうる政策オプションを幅広く提供することが可能になる。

　現在に至るまで、チャイルド・ケアサービスの分野においては、家庭が何を必要とし何を望んでいるかに関して、さまざまなことが、さまざまな論者により、さまざまな観点から言われてきたため、少し混乱している。これらの発言は実証研究に基づくものではなく、また、政府の統計にしても、その対象範囲が狭いために保育の有効性の検討にはほとんど利用されてこなかった。こうした状況のなか、IEA 調査の目的の 1 つは、国家間で比較可能な、かつ、こうした問題に関して注意深く議論することに使えるような、信頼できる情報を提供することにあった。

## IEA 幼児教育プロジェクト実施の背景

　IEA 幼児教育プロジェクトは(1999 年現在も進行中であるが)、時宜を得たものであった。というのは、就学前の子どもを持つ保護者による家庭外保育へのニーズが高まっているだけでなく、幼児期は成人後の能力の基礎を確立するには欠かせない時期であるという認識もますます広がってきているためである。良質な幼児教育は、すべての子どもたちのライフチャンスを改善するものであったが、特に貧困家庭や劣悪な社会環境に属する子どもにとっては大きく人生を変える機会ともなった。このことは、アメリカの「ハイスコープ・

ペリー就学前教育研究(High/Scope Perry Pre-school Project)」(Schweinhart, Barnes and Weikart, 1993)や、トルコの「幼児期充実化計画(Early Enrichment Project)」(Kagitcibari et al., 1998)などの長期的な調査により裏付けられてきた。保育プログラムが貧困層だけでなく非貧困層の子どもにも同様の効果を与えるかどうかについて調べた研究はほとんどない。しかし、幼児期は子どもの発達にとって決定的に重要な時期であり、その時期に適切な支援を与えることが重要だという認識は、行政も保護者も共有している。つまり、就学前プログラムに対する現在の大規模な支援は、一つには保育ニーズが高いこと、そしてさらには幼児教育の価値が実感されるようになっていることが背景となっている。

## IEA 幼児教育プロジェクトの結果

IEA の調査により、すべての参加国に関する多くの問題が浮上した。その中でも、興味深い結果を、以下に項目別にまとめておく。

### 労働への参加と保育／幼児教育サービス利用との関係

この調査により明らかにされた第一の知見は、就学前の子どもの育児が親から家庭外(または少なくても両親以外による)保育へとシフトしていく傾向は、女性がますます正規の有給労働に従事するようになった女性が増えたことと深く関係しているということである。大方の予想通り、調査の対象となったすべての国において、この傾向は農村部より都市部で顕著であった。実際、親による家庭での育児によってのみ育てられている子どもが全体の過半数を占めたのは、中国(55％)、ナイジェリア(65％)、タイ(63％)のみであった。これら3カ国はすべて農村地域の人口が国全体の大半を占めている。これ以外の国においては、親の育児だけで育てられている4歳児の割合が40％を超えることはなかった。

**保育を家庭外に委ねる傾向の根強さ**

　家庭外の保育・幼児教育のニーズは今後も高まっていく可能性が高い。それには、主に二つの理由があげられる。第一に、家庭外の保育サービスを利用していた保護者の大半が、その理由として仕事をあげたことである。ドイツ、香港、イタリア、スペインのように保育サービス利用率が80％前後またはそれ以上の地域では、子どもの教育や社会性・情操面の発達が保育サービス利用の理由としてあげた保護者が多かった。

　第二の理由は、この傾向をストップさせるか、あるいは方向をシフトさせる可能性のある要因が浮上しなかったことである。子どもが受ける家庭外保育の質に関する保護者の不安は、どの国の調査においても一切あがらなかった。実際、自らの子どもが受けている保育サービスに「ほぼ満足している」または「とても満足している」と答えた保護者の割合は、すべての国において、少なくとも92％にのぼった。さらに、保育サービスで何か問題を感じることがあるかという質問に対しても、ほとんどの国の大部分の保護者が「まったくない」、あるいはほぼそれと同じ回答しかしなかったのである。

　しかし、いくつかの例外も確認された。香港の保護者からは、「プログラムの理念に関して問題を感じる」(20%)、「施設や設備に関する問題を感じる」(21%)、「通園している他の子どもに関して問題を感じる」(13%)、「費用について問題を感じる」(18%)など、一連の懸念が表明された。中国の保護者からは、「施設や設備に関する問題を感じる」(10%)や「職員の資質に関して問題を感じる」(9%)などがあげられた。それらの例外を除けば、家庭外保育サービスを利用していた10,913人の保護者の大部分からは、サービスに対する不満の声は聞こえなかった。この調査では病児の受け入れを含め、さまざまな項目について質問されたが調査対象者の1％以上が「問題を感じた」項目はひとつもなかったのである。

　しかし、専門的な観点から言えば、保護者による不満がないからといって、プログラムの質や提供方法に改善の余地がないということではない。また、行政による規制の観点から言えば、衛生・安全上の問題がすべて克服されて

いるということにもならない。この結果が意味するところは、特別な医療や教育ニーズを持つ少数の世帯が何らかの問題に直面しているかもしれないが、平均的な保護者は、適切かつ問題のないサービスを本当に受けられているか、または、その不適切な点を認識していないということなのである。このように、全体として保護者が現状に不満を感じていないため、特別な配慮を要する子どもやその家族のニーズに応えねばならないと主張しても、その主張は幅広い支持を得ることが難しいのである。

### サービスを受けている施設の数

　家庭外保育を受けていた幼児の大部分は、週に1つの施設のみでサービスを受けていた。しかし、ナイジェリアでは5%、ベルギーでは41%という、かなりの数の幼児が、第二の保育施設でもサービスを受けていた。2つの国においては、週に第三、第四の保育施設でサービスの提供を受けていた幼児も少数ではあるが確認された(第三、第四の保育施設に置かれていた幼児の割合はそれぞれ、ベルギーでは23%と5%、ドイツでは8%と8%であった)。家庭外保育を受ける最も大きな「理由」は、親が働いている間に誰かが代わりに保育しなければならないことにある。そのため、保育サービスが両親の就業日すべてをカバーできない国においては、多くの家族が2つ以上のサービスを求めていた。ベルギー、ドイツ、イタリア、アメリカなどが、このケースに当てはまる。

### 家庭外での保育時間

　親以外から保育を受けている子どもは、そうした環境下でかなり多くの時間を過ごしている。香港(週17時間)、ドイツ(週25時間)、アメリカ(週28時間)などは比較的保育時間が短かったが、標準的な保育時間は、スペイン、ナイジェリア、イタリアの週35時間やタイ、中国での週55時間など、かなり長時間になっていることが分かった。家庭外の保育・幼児教育施設において子どもが過ごす時間は、子どもの生活のかなりの割合を占める。例えば、タイ

や中国の一般的な子どもは、少なくとも両親が勤務している週5～6日は、睡眠以外の時間の半分以上を、こうした環境で過ごしていることになる。したがって、大部分の国において、子どもが経験する家庭外施設は、子どもの身体的、知的、社会的や情緒的な発達の形成において、重要な役割を果たしている。よって、保育の実践を、偶然とか思いつき、慣習に基づいて行うことは、きわめて愚かな選択である。

**家庭の目標としての教育**

　多くの国において、子どもを家庭で保育するという選択をしていた親は、そうしている理由として親の側の事情をあげることが圧倒的に多かった。その理由は、子どもにとっての「第一の」教師または教育者でありたいなど、主に親自身の目標に関するものであった（家庭外施設を利用する保護者もまた、子どもの教育をその理由としてあげている）。しかしここで特筆すべきなのは、子どもを家庭内で保育する親の多くは、他に選択肢がないためそうしているという事実である。「他に選択肢がない」とは、つまり、保育サービスの利用が不可能であるか、または、保育サービスが何らかの点において十分でないことを意味する。「他に選択肢がない」は、特に中国（家庭内で子どもを育てている母親の32％がこの理由をあげている）において多くあげられたが、フィンランド（7％）、ドイツ（8％）、イタリア（9％）、ナイジェリア（9％）、アメリカ（10％）でもみられた。

**家庭外保育・幼児教育の設置主体と費用負担**

　調査対象国においては、各家庭が利用する保育・幼児教育サービスは、主に政府または宗教団体の資金援助のもとで運営されていた。フィンランド、イタリアやポルトガルでは、こうした事業の少なくとも50％が、政府の援助のもとで運営されていた。一方、ドイツと香港では、大半（60％）が宗教団体の資金援助のもとで運営されていた。ベルギーのすべての保育・幼児教育施設は、さまざまな財源による援助をもとに運営されていた。政府による援

助はすべての施設に提供され、また、41％の施設が宗教団体からの援助を受けていた。香港、ナイジェリア、アメリカなどでは、25～28％の事業が民間の非宗教団体により提供されており、そうした団体が一定の役割を果たしていることが明らかになった。企業が提供する保育に関しては、その世界的な関心とさまざまな議論にもかかわらず、そうした事業の割合が多かったのは中国（28％）のみで、フィンランド、スペイン、アメリカなどではその割合は2％にも満たず、その他の国ではそうした事業に関する報告は一切なされなかった。企業や職場が提供する保育は関心の高いものではあるが、実際にはほとんど行われていないようである。

　保育サービスの提供者に関するこれらの結果が示唆するのは、保育プログラムへの資金提供やその管理運営は、現在でもその大部分が政府や宗教団体に委ねられているということである。また、大部分の国で保育サービスの拡大が予想されるが、その主な財源はこれらの機関や団体となる可能性が最も高い。民間の施設は一定の役割を果たし続けるであろうが、家庭が保育サービスのニーズを企業や職場で満たせる可能性はきわめて低い。

### 子どもへの追加的支援

　家庭や子どもに対して、ヘルスケアや送り迎えなども含めた総合的なサービス提供を行っている保育施設はきわめて少ない。このうち最も多く提供され、よく利用されているのはヘルスケアである。しかしながら、必ずしも提供されたサービスが利用されているわけではない。このサービスを利用可能な子どものうち、50％以上が利用している国はわずか6カ国だけであった。ヘルスケアサービスを利用した子どもが半数を超えた（57％）のは、ベルギーだけであった。

　特別支援教育やソーシャル・サービスは、提供されていたとしても、実際にはあまり多くは利用されていない。どの調査対象国においても、保育プログラムを通して特別支援教育やソーシャル・サービスを受けていた子どもの割合は、8％にも満たなかった。通常のサービス提供者である政府機関や宗

教団体こそがこうした追加的支援の提供者である（アメリカのヘッド・スタート・プログラムのケースに見られるような）にもかかわらず、このような結果となったのである。幼児教育施設までの送り迎えを利用していた4歳児の割合は、すべての調査対象国において、半数以下であった。送り迎えが利用可能な子どものうち実際に利用した子どもの割合は、ベルギーで22％、中国で65％であった。しかし、大部分の子どもが利用施設から数分以内のところに住んでいたため、送り迎えがなくても特に問題にするほどのことではなかったようである。

**育児の主役としての母親**

　育児における第一義的な責任者は誰なのだろうか。すべての調査対象国において、経済発展の段階にかかわらず、幼児の世話と監督を主に担っていたのは母親であった。4歳児が起きている時間（16時間）のうち、母親とともに過ごしていた時間（2人きりまたは父親と3人）は、ベルギーの8.4時間（53％）から、ドイツの11.9時間（74％）に及んだ。これを父親と過ごす時間（そこに母親がいるかいないかにかかわらず）と対比するとその差は明らかで、中国や香港では0.9時間（6％）、ベルギーでは3.7時間（23％）、タイでは3.5時間（22％）であった。実際、1時間以上に及ぶ「父親のみによる育児」はどの国においても報告されていない。父親が子どもと2人きりで過ごす時間は香港が最も少なくて6分、中国が最も長く54分であった。育児は、西洋諸国で盛んに言われる平等や役割分担といった美辞麗句にかかわらず、すべての参加国においていまだにその責任の大部分が母親に委ねられていることが明らかになった。また、それは文化の違いや発展段階に関係なく、同じ傾向がみられた。

## 家族以外の保育者・教師

　子どもの日常生活に関するさらなる調査により、子どもが自分の親や親戚以外の「保育者・教師」と過ごす時間は、国により大きく異なっていることが

明らかになった。ベルギーの幼児は 1 日平均 6 時間を家族以外の保育者と過ごしていたが、ドイツや別のヨーロッパ先進国では 2.1 時間だけだった。タイではそれをさらに下回る 1.0 時間、アメリカはドイツを上回る 2.8 時間であった。日常生活に関する情報から得られた最も興味深い事実の 1 つは、いくつかの国では、就学前の子どもが、大人による直接的な監督がないまま長時間にわたって 1 人で放置されていたことである。このような状況は、「子ども 1 人だけの時間」が 1 日 2.9 時間あった中国と、同様の時間が 0.9 時間あったタイでみられた。他に注目すべき事実としては、次の点があげられる。すべての参加国の中で、両親のすべての勤務日をカバーした家族以外によるサービス(複数の施設における)を最も実現していたのはベルギーであった。しかし、そのベルギーにおいても、平均的な保育サービスの提供時間は、勤務日全体からみるとほんの一部にすぎなかった。

### 保育サービスの場

大部分の子どもが、起きている時間のほとんどの時間を家庭(母親とともに)か学校、または組織化された保育・育児施設で過ごしていた。フィンランドでは、在宅保育で過ごす平均時間(2.4 時間)が組織化された施設で過ごす平均時間(2.1 時間)を上回るという、興味深い結果がみられた。それ以外の施設で子どもが過ごした時間はごくわずかであった。この調査により想定された、公園、運動場、在宅保育、職場の託児施設、近隣家庭などの多種多様な保育の場が実際に存在していた。しかし、世界規模での調査の結果、それらは思ったほど普及していないということが明らかになった。ここで特筆すべき知見は、ほとんどの国における保育施設までの平均移動時間は 15 分以下であったということであり、教育・保育環境への移動時間は特に問題とならなかった点である。

## 小　括

　IEA 幼児教育プロジェクトでは、4 歳児の保護者を対象とした世帯調査に基づき、11 の参加国における保育・幼児教育サービスの利用実態を実証的に明らかにするという困難な課題に取り組んだ。国際調査チームは、誰にも受け入れられるような、最良の調査手法の開発に熱心に取り組んだ。11 カ国それぞれの地域調査センターもまた、チームの一員としての自覚を持ち、入手した情報の質に関して妥協することなく、この目標を達成した。チームワークのおかげで、データ収集に関する問題は解決され、このような困難な課題を達成することができた。

　おそらくこの調査で最も注目される結果は、次の点であろう。すべての国の就学前の子どものうち親以外の手よってあるいは家庭外において保育を受けていた子どもはかなりの数にのぼったが(ほとんどの国において、親以外の誰かに毎週 2 時間以上保育されていた幼児の割合は 60％以上であった)、育児における責任の大部分はいまだに母親が担っていた。保育サービスの形態は国により大きく異なっていたが、すべての地域において、子どもの世話の大部分は母親かまたは家族以外の(給与をもらって働く)大人に委ねられ、父親の参加はきわめて限定的であった。保育サービスの利用が増加している背景には 2 つの理由があげられるようである。それは、1 つには世界全体で働く母親が増加していること、もう 1 つは、各家庭がこの厳しい競争社会において少しでもわが子を優位に立たせようと努力していることである。

　社会政策の研究者の中には、保育サービスへの世界的な需要が高まってきた背景としてフェミニズム運動の広がりや、産業社会における経済的圧力をあげる者もいるだろう。しかしこうした見方は、子ども自体から焦点をそらすことにつながる。世界の子どもたちが直面している家庭外保育事情の実態を、私たち大人は細心の注意をはらってみなければならない。子どもたちはまさに今、親や親戚ではなく、その見返りとして報酬を求める保育者(若い人や大人)によって育てられている。こうした保育者や教育者はどれほどの

資質や能力を有しているのだろうか。こうした環境下における社会的相互作用の質はどうなのだろうか。子どもたちは健全な発達につながるような幼児期を過ごしているのだろうか。子どもたちがおかれている施設は、はたして有能な労働者または善良な市民の育成に適切な枠組みなのであろうか。家庭はこうした施設に頼った方が生活が良くなるのだろうか。各国はこうした疑問に答える必要に迫られている。

## 第3章　幼児教育への期待：子どもたちは何を経験すべきなのか

　私たちが一般向けの書物や専門書などから知るところでは、私たちが何をするか、私たちがしたことが他人からどのように評価されるかは、自分が何を期待するか、他人が何を期待しているかによって大きく変わってくる。こうした観点から、幼児教育にあたる教師や保護者の期待を明らかにすることが、IEA幼児教育プロジェクトの次の段階では重要になってくる。ベルギー、中国、フィンランド、ギリシャ、香港、インドネシア、アイルランド、イタリア、ナイジェリア、ポーランド、ルーマニア、スロベニア、スペイン、タイ、アメリカ(15カ国)のIEA研究センター所長は、それぞれ協力して、4歳児の発達に関する成人の期待を調査するための質問紙を作成した。この質問紙は、調査対象国の保育施設で働く1,800人の教職員と5,000人の保護者に配布された。調査の目的は、さまざまな国の教師や保護者の子どもの発達に関する期待、例えば、子どもにどのようなスキルを身に付けてほしいと思っているのか、または、こうしたスキルを学ばせる責任は誰にあると思っているのか、といった点を理解することにより、子どもの発達の違いに関する理解をさらに深めようとするものであった。

　IEA幼児教育プロジェクト(Olmstedt and Weikart, 1989；Olmstedta and Weikart, 1994；Weikart, 1999)の発足当初は、期待に関する調査データの分析により、保護者・教師間で、また、国家間でも大きな違いがみられると予想されていた。というのは、それを思わせる数多くの理由が存在したからである。「期待に関する質問紙調査」に回答した参加15カ国は、さまざまな点で多様性に富んでいた。言語的にも、地理的にも、経済的にも、そして政治的にも多様であった。同じ母国語を持つ国は(アメリカとアイルランドを除いては)2つとして存在しなかった。気候に関しても、熱帯(ナイジェリア、インドネシア)、温帯(イタリア、ポーランド)、極寒地帯(フィンランド)と、大きく異なっていた。

対象国にはベルギー、イタリアまたはアメリカのような先進工業国もあれば、それ以外の新興経済国も含まれていた。政治体制も、民主主義国家としての長い歴史と安定した行政システムを持つ国から、新たに民主主義国家として生まれ変わったばかりの政治的に不安定な国に至るまで、まさに共産主義、社会主義、民主主義思想が混在している状況であった。またこれらの国は、歴史的にも、文化的伝統においても（例えば女性の役割に関する伝統など）、また、民族構成や宗教といった点においても互いに異なっていた。

このように、多様な国々が参加したにもかかわらず、驚くことに「期待」に関する調査結果は参加国間に特に大きな違いはみられなかったのである。幼児が学ぶべき重要なスキルに関しては8つの項目を設けて調査したが、国家間、保護者・教師間の双方において、予想されていたような違いはみられなかった。「子どもの学習に関する責任は教師にあるか保護者にあるか」についても、大きな相違は確認されなかった。それどころか、8つのスキルのうちどれを重要と考えるかについても、保護者と教師の間で驚くほど回答は一致していた。しかし、以下にまとめられた調査結果からも分かるように、国家間や各国内において違いがまったくみられなかったわけではない。

## 就学前の子どもは何を学ぶべきなのか

外国で働いている、または外国を訪問している人が、滞在国に固有の風習、法制度、規則、人間関係のあり方があることに気づくまでに多くの時間は要しない。このプロジェクトにたずさわった研究者も、そうした国家間に存在すべき明らかな相違に加えて、教師や保護者の意識も国によってそれぞれ異なっており、しかもそれはそれぞれの国の文化的価値や伝統に深く根ざしたものであると考えていた。つまり、子どもの発達に関する主要な論点について、教師や保護者の考え方の明らかな相違が国家間でみられると想定していた。調査を設計するにあたって、それぞれの研究センターを統轄する15人の所長は、子どもの発達に関して一般的に認められている8つの領域（最終

的に期待に関するアンケートで8つの「スキル」と表現された）のリストに同意した。全国レベルの現地調査によって、これらの8つの領域には、それぞれの国にとっての関心事項に該当する基本的な発達上のスキルがすべて含まれており、また、教師や保護者の関心や目標のすべてが反映されている。教師や保護者の期待について分析を行った結果、8つのスキルについてどれを重要と考えるか、どう定義するか、誰の責任か、いずれの項目においても、ばらつきは思ったよりも少なく、特に教師に関しては、保護者に比べてより意見が一致する傾向がみられた。

## 教師は何を期待するか：子どもの発達に関する8つの領域の中で何を優先させるか

教師や保護者の期待に関するこの調査における最も重要な結果は、子どもの発達に関する諸側面に対応する8つのスキルのうち、「最も重要」または「最も重要でない」とされたスキルが、参加国間でほぼ一致していた点である。対象15カ国のうち少なくとも12カ国の教師が、最も重要なスキルとして以下の3つを選択した：

- 友だちとの人間関係スキル（Social skills with peers）
    他の子どもと共有、協力し、お互いを尊敬し合い、お互いの感情を理解できるようになること。
- 言語スキル（Language skills）
    自分の考えや感情を、言葉を使って明確かつ適切な方法で表現できるようになること。
- 自律スキル（Self-sufficiency skills）
    自主性を持ち、自らや自らの持ち物を責任を持って管理できるようになること。

また、対象15カ国のうち少なくとも10カ国の教師が、最も重要でないスキルとして以下の3つを選択した：

- 学習準備スキル（Pre-academic skills）
  基本概念や微細運動の改善方法を学び、読み書き計算に必要なスキルを取得し始めること。
- 自己評価スキル（Self-assessment skills）
  自らの能力や行動様式について評価し、自分がしたことに誇りを持ち、自己に対する自信を育むことができるようになること。
- 大人との人間関係スキル（Social skills with adults）
  大人の話に耳を傾け、大人に協力し、大人を尊敬するようになること。

この調査には、幅広い地域（西欧、東欧、アジア、アフリカ）を代表する国が参加している。もちろん、すべての国の教師による意見の一致がみられたわけではないが、教師の意見には多くの国で共通の傾向が確認された。特に「友だちとの人間関係スキル」（対象15カ国のうち14カ国の教師が最も重要なスキルとして選択した）などいくつかのスキルについては、多くの国で意見の一致がみられた。また、各国の教師は、何が最も重要なスキルであるかと同様、何が最も重要でないかについても、ほぼ一致する考え方を持っていることが明らかになった。例えば、大人との人間関係スキルは、対象15カ国のうち11カ国において、最も重要でないスキルとされた。

対象15カ国の1,800人の教師の考え方がかなり一致していたことは、何が幼児の発達の標準的な要素かについて広く受け入れられている見解が存在していることを意味している。しかし、こうした見解の一致が多くの国で共通の保育実践につながっているかどうかは、IEAの今後の調査によって保育・幼児教育施設を観察し、判断するしかない。

ここで特筆すべき事項は、対象15カ国のうち10カ国の教師が、**学習準備スキル**を最も重要でない発達領域の1つに位置づけた点である。この領域を

最も重要としたのはナイジェリアとタイの教師のみであった。現在多くの国で初等教育における学力向上が強調されているにもかかわらず、このような結果になったのである。また、現在、教育はポスト産業社会における経済発展の達成に欠かせない知的基盤の育成手段とみられている。にもかかわらず、就学前教育に携わる教師が、学習準備スキルに関して上記のような考え方を持っていることが明らかになったのである。

## 保護者は何を期待しているか：子どもの発達に関する 8 つの領域の中で何を優先させるか

この調査の対象となった 5,000 人の保護者による 8 つのスキルの順位付けについては、教師にみられたほど多くの国で意見の一致は確認されなかった。しかし、参加 14 カ国（保護者に関するデータの収集には 1 カ国が参加しなかった）のうち少なくとも 9 カ国の保護者が、就学前の子どもにとって最も重要なスキルとして以下の項目をあげた：

- 言語スキル
- 自律スキル
- 友だちとの人間関係スキル

また、最も重要でない発達領域に関しても、多くの国においてある程度同じ傾向がみられた。すなわち、少なくとも 10 カ国の保護者により、以下の 2 つが最も重要でないスキルとして位置づけられた：

- 自己評価スキル
- 自己表現スキル（絵や工作、ダンス、および／または想像力に富んだ遊びを通して、子どもが自らを独創的に表現できるようになること）

## 教師と保護者の期待の共通点

　教育施設に置かれている子どもへの影響を考える場合、子どもにとって何が重要かが保護者と教師の間で異なっている方が良いのだろうか。あるいは、一致していた方が良いのだろうか。これについては、さまざまな見解が存在する。第一は、教師と保護者の期待が一致していた方が子どもは家庭と教育施設とをより円滑に行き来でき、それぞれの環境になじみやすくなり、よって効果的な学習が期待できるという考え方である。もう1つは、子どもにとっては異なる期待を持つ大人が存在する方がいいという見解に基づくもので、教師・保護者間の期待が一致しないことで子どもはさまざまな活動に参加でき、大人との多様な関係を経験でき、複数の責任感のもとで育つことができる、という考え方である。この問題を究明するための基礎を提供する目的で、この調査では、子どもの発達に関するそれぞれの領域に対応する8つのスキルの中で、教師と保護者はそれぞれどのスキルがより重要であると考えているのか、統計的に比較検討を試みた。

　その結果、調査対象14カ国のうち8カ国で、保護者と教師の間で順位づけに関して有意な相関関係が確認された。これら8カ国では、教師と保護者による順位づけがほぼ完全に一致(相関係数0.90またはそれ以上が確認されたフィンランド、ルーマニア、ポーランドなど)、または、少なくともかなりの範囲において一致していた(ナイジェリア、ベルギー、アメリカ、タイ)。

## 教師と保護者は子どもの発達領域をどのように捉えているか

　教師や保護者の双方が、大部分の国において、友だちとの人間関係スキル、言語スキルや、自律スキルの3つが幼児の発達にとって最も重要なスキルであるという点で一致したのは事実である。しかし、この結果だけをもって教師と保護者がまったく同じことを言っているとは言えない。教師・保護者それぞれが、これら3つのスキルをどのように定義しているのかを理解しなけ

ればならない。そうした目的から、中国とスロベニアを除くすべての対象国においては、教師や保護者の両方に、それぞれの分野において何を「最も重要な」サブスキル(機能的定義)と思うか、7～10個の選択肢から選ばせる調査を行った。サブスキルの選択肢は、8つの主要なスキルと同様に、作成後、各国の研究所の相互協力に基づく現地調査により、その妥当性が確認されている。

　その結果、大部分の調査対象国の保護者と教師は子どもにとって何が最重要なスキルと考えるかに関してだけでなく、何を最も重要なサブスキルと考えるかについても同様に考える傾向があることが明らかになった。つまり、例えばある国において、教師と保護者の両方が、友だちとの人間関係スキルが幼児の発達にとって最も重要なスキルであると発言している場合、保護者と教師の両方が、そのスキルに含まれるサブスキルまたは行動様式について同じ内容を想定しているということである。

　この結果、つまり、教師や保護者は「期待に関するアンケート」の8つのスキルについて同じ機能的定義を行ったということは、重要な意味を持つ。というのは、この結果から、「期待に関する質問紙調査」への回答として教師・保護者により行われた順位づけは、慎重な思考と、熟慮の産物であると確信できるからである。

## 教師・保護者はそれぞれ相手の期待をどのようなものだと思っているか

　教師や保護者が、幼児が何を学ぶべきかについて一致した考え方を持っていることが確認できたことにはそれなりの意義があるにしても、教師と保護者それぞれが、相手の期待について、たとえ内容が異なっているにしても、正しく理解しているかどうかを知ることにより、より意味のある結果が得られる。そうした観点から、「期待に関するアンケート」には、教師や保護者の両方に、保護者または教師による優先順位をお互い予測し合う質問が含まれた。その回答結果は次の通りである。

教師の予測は保護者よりも正確であった。教師による保護者の優先順位に関する予測には、おおむね友だちとの人間関係スキル、言語スキル、自律スキル、学習準備スキルの4つが含まれていた。先に述べた3つのスキルに関しては、多くの国の教師や保護者によりこの3つのスキルが優先事項としてあげられていることを考えても、こうした予測は自然な結果であると思われる。しかし、保護者が学習準備スキルを4番目に重要と考えていると教師が予測したことは、教師自らが概してこのスキルを就学前の子どもにとって最も重要でないことの1つに位置づけた(この領域が教師により高く位置づけられたのは2カ国のみだったことを思い出してほしい)ことを考えると、非常に興味深い結果である。したがって、保育プログラムにおける学習準備スキルの役割については双方が異なる見解を持っていると言えよう。

保護者による教師の優先順位に関する予測では、友だちとの人間関係スキルや言語スキルの2つの分野において、かなり正確な予測がなされていた。不正確な予測としては、学習準備スキルや自己表現スキルなどで多くみられた。保護者は学習準備スキルと自己表現スキルが高い優先順位だと予測したが、実際には教師はほとんどこれらを高い優先順位としていなかった。データに関するより詳細な分析により明らかになったのは、保護者は、自らの優先順位を基準として、教師が就学前の子どもが何を学ぶべきと考えているのかについて、予測を行っていたということである。このように、大部分の国の教師が保護者の幼児に対する期待を正しく理解していたのに対して、残念なことに、保護者の方は教師の期待をそれほど正確には理解していなかった。

## 子どもの発達に関して教師や保護者はどちらが責任を持つべきだと考えているか

ここまでは、教師や保護者が子どもに期待する学習、それぞれの期待(や期待に関する定義)の共通点、それぞれによるお互いの期待に関する理解度について述べてきたが、ここでは、こうした期待は誰によって実現されるのが

適切なのか考えてみたい。子どもによるさまざまなスキルの発達を促すのは誰の責任なのだろうか。

これまで報告してきた結果を踏まえれば、保護者と教師それぞれが、8つのスキルから教師の責任を3つ、親の責任を3つ選んだ結果、多くの項目が一致したことは、特に驚くべき結果ではないだろう。教師と保護者の双方が、友だちとの人間関係スキル（10カ国）、言語スキル（7カ国）や自己表現スキル（5カ国）の向上に関しては、教師が積極的に取り組むべきであると考えていた。一方、大人との人間関係スキル（9カ国）、自律スキル（9カ国）や言語スキル（6カ国）の向上に関しては、教師と保護者の双方が、保護者により積極的に取り組まれるべきであると感じていた。

## 教師・保護者による期待は社会的背景によってどのように異なるか

このIEA幼児教育プロジェクトの開始当初は、年齢、4歳児を扱った経験、養成教育や研修の有無など、教師にとって重要な社会的背景が、それぞれの幼児に対する期待にも反映されるであろうというのが、研究者たちの仮説であった。彼らは例えば、最近養成教育を受けたばかりの若い教師は、年配の教師とは異なる期待を持っているであろうと考えていた。こうした結果が得られれば、期待のパターンについてより理解が深まるとともに予測も可能となり、結果として効果的な政策提言につながるものと思われる。しかし、この調査においては、そのような結果は得られず、関連のある社会的背景は確認されなかった。

## 教師と保護者の期待が一致する要因

子どもが何を学ぶべきかに関するこの調査で何度も明らかにされてきたように、期待に関しては大部分の国の教師や多くの国の保護者は、基本的に同じ見解であることが分かった。保護者と教師の両方が、他人と仲良くできる

ようになること、言葉を使って話せるようになること、自己管理ができるようになることが、子どもの発達における優先事項であると考えていた。実際、これらのスキルの内容(子どもの行動)を定義する質問においても、例えば「友だちとの人間関係スキル」は多くの回答者に「進んで友だち関係を結び協力して遊ぶこと」と定義された点からも明らかであるように、教師と保護者の考え方は一致し、その他の発達領域でも同様の一致が確認された。保護者や教師の見解は、国内でもまた、国が違っても大きく異なるものではなく、おおよそ同じであるということが明らかにされた。

しかし同時に、タイがその典型的な例であるが、全体的な傾向とはいくつかの点で異なっている国の存在も確認された。タイの教師は、その他の大部分の国の教師の見解とは異なり、言語スキルは4歳児の発達領域としては最も重要でない領域の1つであると考えていた。また、これも他の国々とは正反対の結果であるが、タイの教師は、自己表現スキルと学習準備スキルこそ、最も重要なスキルであると考えていた。実際、タイにおける教師や保護者による回答は、他のどの国における回答にも類似しなかった。しかし、タイ国内の教師と保護者の間には、順位づけについて有意な相関が存在し、教師・保護者間の責任分担についても、両者の考えは基本的に一致していた。

全体的にみると、タイはユニークな回答傾向を持つ国の1つであることがわかったが、しかしこの特異な国においてもその他の国とのいくつかの類似点が確認された。この事実が意味するのは、この調査で浮上した相違点は、結局のところ、調査開始当初に予想されていたほどには大きなものではなかったということである。では、このきわめて多様性に富む世界において、保護者や教師による期待がここまで類似しているのはなぜであろうか。教師と保護者の考え方が一致する背景には、いくつかの要因が考えられる。

第一に、医師、栄養士、歯科医師が明らかにしているように、子どもの発達は、十分な機会さえ与えられれば、世界中のどの地域においても同じような発達を示す。Bruer(1997)は、脳の発達に関する研究を要約し、「普通の子どもがこれらの能力を身に付ける年齢は、置かれている環境にかかわらず、

第3章 幼児教育への期待：子どもたちは何を経験すべきなのか　33

おおよそ同じである。つまり、裕福な郊外に住む子どもも、都市部の貧困地域に住む子どもも、農村地域に住む子どもも、世界中のすべての地域に住む子どもはみな、おおむね同じ年齢でこれらの能力を習得している」と述べている。たぶん、教育や保育の専門家は、子どもは通常は同じような身体的・知的発達パターンをたどるという事実を見落としてきたかもしれない。ピアジェ (Piaget) やその他の発達段階論者によっても、子どもは、成長し、経験する過程で認識可能な一連の発達段階を同じようにたどって成長することが明らかにされている。一般的に、長年にわたって4歳児の保育に携わってきた教師は、4歳児の標準的な能力をよく知っていると言われている。例えば、4歳児は、複雑なルールや得点を記録しなければならないような遊びはしない。彼らは、それに参加できるようになるために、安定した、予測可能な環境を必要としている。4歳児は、言葉を使って自らに語りかけたり、他の子どもと交流したりすることができる。また、見たものをまねすることを好む。親は自分の友人や親類の子どもを観察したり、自らの子どもと長い時間をともにしたり、子どもが発達するにつれ、きょうだい間の違いについて話し合ったりすることで、子どもがどのように発達するのかについて基本的な知識を得ている。子どもが何を必要としているかについての親や教師の見方は、彼ら自身による日々の実際の経験により形作られている。とすれば、この調査で見られたような両者の考え方の一致は、ごく自然な結果であると言えよう。

　第二に、このIEAの調査に参加した15人の研究センターの所長は、子どもの標準的な成長と発達に関する情報が、きわめて広く一般にも普及されていることに驚いたと述べている。その背景には、コロンビアで73万人の子どもへのサービス提供を行っている「75,000家族のホガレス・コミュニタリオス・プロジェクト (75,000-family Hogares Comunitarios Project)」に代表される、保育、教育、栄養に関する草の根事業や、フィンランドの在宅の保育ママのための研修プログラムのような育児者研修事業、または、UNICEFによる広範な幼児の健康・栄養改善プロジェクトを通して、子どもの成長や子どもの

ニーズに関する健全な情報が広く普及されてきたことがある(Myers, 1992)。こうした情報に、大人が子どもと日々触れ合うことから得られる情報を加味すれば、その結果としてこの調査でみられたような「期待の一致」が生じてくるのも当然のことである。

　第三に、今日の世界には、通信、娯楽、商業のグローバル化という、強い力が働いている。この調査の参加国は、さまざまな政治的・思想的背景を持っているが、どの国も、輸出による経済成長を積極的に志向し、また、経済成長を後押しする「教育水準の高い国民」を育成する重要性を認識している。大部分の国において、国民は政府や産業界によるこうした取り組みを支持しているし、国民はこうした取り組みを、自らや自らの家族がより良い生活を得られる機会と捉えている。就学前の子どもの親や教師は、子どもが他人と上手く付き合えるように、自己管理をできるように、そして、言葉を活用できるような保育を促進することによって、その子が将来少しでもいい人生を送れるような機会を提供しているのである。

# 第4章　幼児教育の効果：学業達成と生産性

　子どもに早い時期から刺激やより良い機会を与えることによりその後の人生においてより上手く困難に取り組むことができるという考え方の背後には、基本的な論拠(fundamental logic)が存在する。実際、「枝を曲げれば木も傾く(三つ子の魂百まで)」に相当する言い習わしは多くの社会に存在する。私たちは、子どもが自主性のある学習者となり、また、他人とうまくかかわることができるよう、子どもに書かれた言葉の世界を読ませ、それを理解させたいと望む。私たちは子どもが現代社会にとって重要である高度な科学技術に適応できるよう、子どもに数学の基礎を理解させたいと望む。したがって、私たちの関心がアカデミックな教科における成績や社会における生産能力にあるのなら、私たちが望む目標に焦点を合わせ、子どもにこれらの目標を達成するために行わなくてはならないこと、知らなくてはならないことを教えていくことこそが重要である。さらに、これが簡単に達成できればなおのこと良い。

　しかし、その対象が子どもとなると、ことはそう簡単には進まない。簡単でない理由は、子どもというのはとてつもなく複雑な生き物であり、幼児期から青年期にかけて一人ひとり違った成長を遂げるからである。成人後の人生に備えるため、子どもは、身体的、精神的や情緒的なさまざまな段階を経て成長していかなければならないのだが、こうした個々の段階には子どもの成長全体を支える固有のニーズと課題がともなってくる。しかし、こうした成長こそ、単なる知的学習能力の向上や成人期における生産能力の向上のための準備とは異なる、本当の意味での成長と呼べるものなのである。そこには、身体組織の統合が不十分で体の動きもままならない脆弱な乳児が、成熟し、統合された身体能力(integrated physical ability)を持つ自立したティーンエージャーへと変化する、身体的な成長が含まれている。また、精神面で他者に

全面的に依存している乳幼児も、青年期になると徐々に自立心が芽生え、最終的には責任ある大人として完全に自立していく。このような精神的な成長過程もその重要な要素である。またそこには、聴覚と視覚のパターンを組み合わせていただけの幼児から、文章を読み、作り出し、それを自在にあやつり、計算し、他人とかかわり、論理的に考えられる青年へと成長していくことも含まれている。よって、「知識を教え込む」という成人には容易に適用できる方法が、子どもに対しては合わないのである。こうした方法では、子ども(乳児期から青年期までの期間)は過渡期にあるという事実、また、それぞれの発達段階にはそれぞれの教育・学習の戦略が必要であるという事実への配慮がなされていない。そこでこの章では、1つの基本的な問題に関する考察を行う。その問題とはつまり、「子どもの将来、すなわち、学校教育の継続や、最終的には大人になったときの生産能力にまで長期にわたってより良い影響を与えるためには、子どもの発達段階に応じてどのような学習機会をつくっていくべきなのか」という問題である。

## 保育の質の追求：その歴史

　過去35年間にわたって、さまざまな良質の保育プログラムが、社会的に高い優先順位を得るべく努力してきた。こうした支持を得るための活動の一環として、この分野の専門家は、何が「良質」な保育プログラムかを定義する必要性について認識し始めた。歴史的には、質の向上への初期の取り組みは、プログラムの保健、安全、栄養面に関する規制・管理を中心に行われていた。この第1段階は、どの国においても、こうしたプログラムが出てきたときの典型的な対処方法である。しかし、保健・安全・栄養の基準は重要ではあるものの、良質な保育プログラムの運営や成果をこうした基準のみによって保証することはできないことが次第に明らかにされてくる。いったんこうした認識がなされると、質の探求は、保育者の資格基準を導入し、保育者の養成・研修の内容策定へと広がっていく。これが実施されると、関心は徐々に第3

段階、つまり、プログラムに参加している子どもやその家族に対して総合的なサービス提供を行う必要性の認識へとシフトし始めるのである。

しかし、良質なプログラムを提供するという目標を達成するためには、第4段階が必要となる。そのためには、有効性が確認され、成功裏に実施された教育方法が、(通常はモデル・カリキュラムという形態で)導入されなければならない。しかし、一般的には、この第4段階が不可欠であるという認識にまではまだ至っていない。

### 年齢に適した教育

手法はいろいろあるにしても、児童発達理論の大部分は、成長は段階を踏んで起こるという考え方に基づいている。広く一般的に使用されているのがピアジェの定義による発達段階で、それによると子どもの発達は、感覚運動期(0〜2歳)、前操作期(2〜6歳)、具体的操作期(7〜10歳)、形式的操作期(11歳以上)に分けられる。Donaldson(1978)のような新ピアジェ派は、ピアジェによる年齢分けの有用性を認めながら、その使用には非常に柔軟な考え方が必要とされると警告している。子どもの発達・成長の度合いは、それぞれの持って生まれた性質や、一人ひとりに固有の環境下でどのような機会が与えられるかによって異なる。例えば3歳児の中には、トラックの車輪を車体を動かすためでなく、車輪が回るの見るためだけのためにそれを回転させるといったような、まだまだ感覚運動的な幼児も存在するだろう。逆に、具体的操作期の学習者の特徴である、言語を使用しての思考や自己表現ができる発達の早い3歳児も少数ではあるが確かに存在する。こうした幼児は、例えば、自分で本を読めるようになるかもしれない。年齢を厳格なガイドラインとしてではなく、一般的なガイドラインとして用いることで、また、子どもの学習実態を注意深く見守ることによって、教育プログラムの主要な構成原理、および、子どもが発達段階を通して学習している内容に関する分析が可能になる。表1は、ここで議論の対象となるピアジェによる2つの発達段階に

表1　組織化原理：誕生から6歳まで

|  | 感覚運動期<br>0〜2歳 | 前操作期<br>2〜6歳 |
|---|---|---|
| 子どもの学習方法 | 直接的経験、能動的学習；大人の保育者との相互作用 | 直接的経験、能動的学習；言葉による思考；意思決定 |
| プログラムの主要な要素 | 子どもの関心に基づく相互作用的な遊び | 計画－実行－反省；表現：話すこと、描くこと、文字を創り出して書くこと |
| 子どもたちは何を学ぶか | 物理的実在性、信頼の育成、自立性、自主性、共感（自己移入） | 言語；分類を追求すること、順序、数、空間、時間、音楽運動；好奇心、自発性、物事への関心、社会性を発達させる。 |

ついてまとめたものである。子どもそれぞれの発達段階により決定される教育や学習の影響について述べられている。

### 基礎としての言語と経験

　子どもの学習や社会性の発達は、誕生した時から始まる言語との直接的な経験により大きく影響される。感覚運動期や前操作期の子どもは、遺伝と環境の両方に関係する複雑なプロセスを通して言語能力を発達させる。乳児による音や単語の習得は、基本的に経験や世の中に関する知識の拡大に比例する。彼らは人や物との試行錯誤を繰り返すことにより、言語に関するこうした理解や使用を確立していくのである。例えば、子どもは、熱湯、コンロ、火のついたロウソクなどへの直接的な感触を伴う経験を積むことで、「熱い」という言葉の意味を学習する。「ブロックをねじれば穴に入るよ」という示唆は、子どもによりブロックを穴に何度も合わせてみるという試行錯誤が行われる場合のみ、合理的である。子どもは自らの経験に基づき言葉を理解し、その結果として、言葉を使って自らの理解を伝達し、それについて考えることができるようになるのである。

　現実世界（physical world）を直接体験することは、子どもの成長と発達には欠かせないことである。観察することやよく聞くことも重要であるには違いな

い。しかし、重要なのは直接、人や物、ことがらに触れることである。青年期の若者は、絵画、文章、画像や映像などの象徴や記号を伴う概念、理論や仮説に取り組むことができるが、こうした抽象概念は、それ自体としては学習には不十分である。

## 子どもたちはどのように学ぶか

　発達段階アプローチは、直接経験と能動的学習は子どもの成長のすべての段階において必要不可欠であるという仮説に基づく。この手法は、受動的な経験を能動的な経験に段階的に置き換え、間接的な経験から直接的な経験への段階的な移行を促すという、学校や一般社会における傾向とまったく相反するものである。子どもは、物事の実態やそれらがもたらす影響について、直接的な経験なしに学ぶことはできない。子どもが容器に水を注げるようになるには、それ以前に水やさまざまな容器を使って繰り返して何回も遊ぶことが必要となる。彼らに方法を教えるのではなく、視覚に訴える実演を行ったり、1度実演を試みさせるといった手法によって、子どもにその方法を学ばせることができるのである。

　**感覚運動期**の子ども(乳幼児)にとって直接経験と能動的学習における、最も重要な側面は、肯定的かつ協力的な大人の保育者との継続的な交流である。乳幼児は、大人との視線による交流(アイコンタクト)、「一体感のある」コミュニケーション、接触や密接した体の触れ合いを必要とする。大部分の大人はこれを理解したうえで、赤ん坊を揺り動かしたり、子守歌を歌ったり、一定のリズムで背中をたたいたり、お風呂に入れたり、食べ物を与えたり、世話をしたり、一緒に遊んだりしているのである。面倒見が良い大人とのこうした交流は、子どもの学習や社会性の発達にとって欠かせないものである。こうした交流がどのように行われているか、また、こうした交流がどれくらいの頻度で行われているかは、文化によって異なる。

　**前操作期**の子ども(就学前期の子ども)が他と大きく異なる点は、言語機能

の急速な発達である。子どもに直接的な経験や能動的学習の機会を与える他に、子どもによる言葉を用いた振り返りや一人で行う意思決定を支援できるかどうかが重要になってくる。子どもは誕生したその日から自らの関心を他に伝え、それを追い始めるが、自らの経験を自らの言葉で振り返り、自分の意思で決定することは、前操作的な成長や発達を構成するためにさらに加わる要素なのである。例えば、子どもが子ども自身が好む話題に関する話をしているとき、大人はその話に注意深く耳を傾け、それについて意見を述べたりそれに関連する自由な回答を促すような質問をしたりすることで、その子どもは話しながら考えたり、会話の流れや内容を決めたり、大人による配慮や大人との一体感を経験する機会を与えることができる。

## プログラムの主要要素：計画（plan）―実行（do）―振り返り（review）

　感覚運動期の乳幼児には、自立心を養い、自らの興味を引き付ける物体を探索させるような遊びが必要となる。しかし、ただ単に探索の対象となる機会が豊富にある環境に幼児を放り込めばよいというほど単純なものではない。児童の発育には、肯定的かつ協力的な大人との相方向的な交流が欠かせないのである。例えば、大人はスティーブン（Steven）と交代で何かをする、彼の興味や自発性を観察する、そして、彼にペースを決めさせることによって、大人は彼の行動を支援し、言葉を使い、彼のニーズに応えることができる。スティーブンはそうした大人からの支援により、信頼感と責任感を育むことができるのである。

　前操作期においては、就学前の子どもにより起こされる行動が「計画―実行―振り返り」のプロセスにより支援される。大人は例えば「ここにあるブロック全部を使って何をするのかな」といった質問をすることで、子どもによる計画、つまり、自らの意思の表現を促すのである。子どもはその後自らの意思や計画を実行する。この「実行」段階は数分から１時間以上続く場合がある。数人の子どもによる「料理」、遊び友達に「ご飯を食べさせる」、または、

家や部屋を作るといった物語形式の遊びも、この「実行」段階で発生するものである。それぞれの遊戯時間が終了したら、大人は子どもによる自らの経験の「振り返り」を促す。具体的には、行った遊びについて話をさせるか、または、絵や「書くこと」により自らを表現させる。こうした活動は、子どもの記憶能力を活性化させるだけでなく、経験に関する洞察力を育てる。

### 子どもは何を学ぶか

　感覚運動期の乳幼児は、世の中を探検しながら物質の実際について学んでいる。この時期の子どもにとっては遭遇するすべての物が真新しく、舐める、噛む、嗅ぐ、押す、引っ張る、叩く、投げる、握る、聞く、見るなど、あらゆる行動により自ら物体を発見しなければならない。この時期の子どもによる物質世界の探求に、共に遊び、仲間として育児ができる保育者によって全面的に支援されたとき、その子は、自分自身に関する肯定的かつ希望に満ちた考え方や他人との信頼関係の構築には欠かせない、人とのかかわり方に関する基礎を学び始めるのである。

　前操作期の子ども（就学前期の子ども）は、言語と行動を結びつけ、より論理的な視点から物質世界の探究を行う。それは、分類、順序、数、空間、時間の領域における関係に重点を当てている。この段階の子どもは、物、おもちゃ、道具を使ったり、他人と並んで、あるいは他人と協力して作業したり、試行錯誤を通して物を使ったり動かしたりすることを楽しむ。こうした能動的な経験により、好奇心が強くなり親密な関係をつくり、物事について探求したり、学習したりすることを好きになる素地が生まれてくるのである。奇妙なことに、この前操作期における学習やその生涯にわたる影響の程度は、この期間に得られる論理的関係性（logical relationships）に関する実際の知識だけでなく、この知識を得るために子どもが人や物、事象や考え方とどのような方法でかかわったかによって左右されるのである。

　では、感覚運動期（乳幼児期）と前操作期（就学前期）では、どちらがより重

要な段階なのであろうか。これら2つの段階において、特に学業達成や大人になってからの生産性の面において後々まで影響を及ぼしうる「介入」は存在しうるのか。次の節では、これら2つの年齢グループそれぞれについて、この2つの問題に関する分析がされている。

## 乳幼児保育プログラム（誕生から2歳まで）：その有効性の検証

　良質な就学前教育プログラムの長期的な影響に関する認識の高まりとともに、誕生時から何らかの介入がなされれば発達の遅れや不十分な成長といった問題は回避できるといった意見も出されるようになってきた。2～6歳における就学前教育の効果が証明されているなら、誕生から2歳までを対象とするプログラムが成功する可能性はより大きいのではないだろうか。しかし、乳幼児教育プログラムの長期的な有効性については、まだ十分に実証はされていない。これまでのところ、誕生から2歳までの期間における介入のみによって子どもの後々における学業達成や社会的成功に結びつくという証拠は、ほとんど（またはいっさい）存在していない。わずかな証拠により、最も良質のプログラムであれば限定的ではあるが効果が得られることが示唆されている。しかしそれは、小学校や成人期どころか、プログラム終了から1年後ですら効果は持続しない。それどころか、普通の乳幼児保育プログラムに至っては、そのような短期効果でさえ確認されていない。しかし、だからといって、この発達段階が重要でないわけでもなければ、この段階における発達が間違った方向に進むことはあり得ないわけでもない。これらの研究が意味するのは、誕生から2歳までの期間の標準的な能力を発達させている「何か」は、今までのところ大部分の子どもが利用できるものであったようだということだ。しかしここで確認されるべき点は、ヘルスケア、栄養、予防接種、保育者への愛着、その他関連する保育活動を保障できるプログラムは、幼児の身体的成長や健康を向上させるうえで、非常に効果的であるということである。

最も厳密に統制がなされた、また同時に最も早くから実施された調査の1つは、おそらく「ハイスコープ・カーネギー乳幼児教育プロジェクト（High/Scope-Carnegie Infant Education Project）」(Lambie et al., 1974)であろう。1967年秋に開始されたこのプロジェクトは、アメリカのミシガン州イプシランティに住む貧困家庭出身の88人の乳幼児やその母親を対象に行われた。乳幼児と母親からなるそれぞれのペアは、専門スタッフによる週一回の家庭訪問を受ける介入群、地域のボランティアによる週一回の家庭訪問を受ける対照群、サービス提供を受けない統制群のいずれかに無作為に割り当てられた。乳幼児は3カ月、7カ月または11カ月のいずれかの月齢でプログラムに参加し、参加期間はいずれの乳幼児も16カ月とされた。この調査設計により、どのようなプログラムに参加しているか、何歳(何カ月)で参加したかによる分析が可能になった。参加した88人の乳幼児のうち、65人が16カ月にわたったプロジェクトの全過程を終了した。

　このプロジェクトでは、幅広く総合的な調査が計画され、母親と乳幼児の両方による発達に関する追跡調査が注意深く行われた。プロジェクト終了時における結論は「すべての調査項目において……プロジェクトによる著しい効果が確認された。実験群に割り当てられた乳幼児は、知的能力や言語能力の測定において、対照群や統制群に割り当てられた乳幼児に比べ、平均してはるかに高い得点を記録した」という、非常に心強いものであった。しかし「プロジェクト終了から1年後にスタンフォード・ビネー式知能検査を行ったところ、統計的な有意差はみられなかった」(Lambie et al., 1974: 116)。この調査は長期的な研究として設計されており、調査対象の子どもとその母親は、子どもが2年生になった時点(7歳)で再び追跡調査された。その結果は「プロジェクト終了直後は実験群の方が高い得点を示したが、……5年後にはその差は消えてなくなった」(Epstein and Weikart, 1979: 41)というものだった。これと同様の結果は、残念なことに、保護者や乳幼児に関する今日までの大部分の調査結果にもみられる。

　ハイスコープ・カーネギー乳幼児教育プロジェクトは、乳幼児やその母親

に対する教育サービス提供の新たな取り組みを模索していたが、実際にはその後の取り組みの方がより効果的であったかもしれない。さまざまな資金援助のもと、多くの大規模プロジェクトが実施された。その中でも最も注目に値するのが、何年にもわたってさまざまなプロジェクトが実施された「フォード財団による子どもの生存・適切なスタートのためのプロジェクト (Ford Foundation Child Survival/Fair Start Project)」(Larner et al., 1992) とである。このプロジェクトは、7つの異なる地域社会において、地元の医師や調査員の協力のもと、保護者やその乳幼児を対象とする病気予防プログラムを作成し実行するという、複数の地域における事業展開を伴う取り組みであった。プロジェクトの主要目的は「母親の妊娠期間から子どもの乳幼児期にわたって予防に焦点を当てること。家庭に対する教育指導や支援を行うこと。適切なサービスに関する情報を各家庭に提供すること」(7頁) であった。このプロジェクトは10カ月から22年間までの期間にわたって実施された。フォード財団によりプロジェクトの評価を依頼されたハイスコープの調査チームは、一流のスタッフと莫大な資金が投じられた巨大プロジェクトにしては十分な成果が得られなかったことから、報告書には「ささやかな成果 (Modest Outcome)」という表題をつけてまとめた。そこで彼らは「この、『子どもの生存・適切なスタートのためのプロジェクト』のような比較的控えめな多目的プログラムへの参加によって私たちが期待できる利益には明らかに限界がある」と述べている (245頁)。こうした「ささやかな」成果は、子どもの発達ではなく、ヘルスケアや親教育の分野で確認されたものである。

　こうした調査すべてに関する概要は、「子ども未来センター (Center for the Future of Children)」によって出版されている。St. Pierre, Layzer and Barn (1995) は、就学前教育サービスに関する調査にまで進行したプログラムを含む、500の調査地で行われた保護者や幼児に関する6つの大規模調査プログラムをまとめている。それは主に、1980年代や1990年代に実施された主要プロジェクトに関する検討を行ったものである。これらのプロジェクトは、親への指導や識字教育、子どもへの支援を含め、包括的なサービス提供を行ったもので

あり、すべてのプロジェクトが評価の対象となった。

　評価対象のプロジェクトは、コストに関しては特に上限を設けていたわけではなかった。標準的なプログラム・コストは1世帯あたり2,000ドルから4,000ドルだったが、中には世帯あたりのコストが13,000ドルから16,000ドルにまでのぼるプログラムもあった。それでもなお、全体的には限定的な効果しか得られなかった。St. Pierre 他(1995)はこれらの結果を「親子プログラムの短期的な効果に関する証拠は不安定なものである……現時点における計画に反映されているように、親子プログラムが子どもの発達に関するさまざまな施策に及ぼしうる短期的な効果は、微々たるものである」(89頁)と簡潔にまとめている。これは、社会計画策定者や政策立案者が限られた予算の中でこうした取り組みに投資することを正当化できるような結果とは到底言えない。また「わずかな短期的な効果」がその後のより大きな効果の序章となることはめったにないのである。

　乳幼児保育プログラムが学業達成の改善や生産性の向上に結びつく可能性はきわめて限定的であると思われる。新たなプログラム提供方法や、身体発達に関する基礎研究により得られる新たな見識によって新たな道が開かれる可能性がないわけではない。しかし、現在のアプローチは、すでに策が尽きているように思われる。だが、ここで再び確認されるべき事実は、保健、栄養やその他の基本的ニーズに関するサービス提供においては、0〜2歳児に関しても大きな効果が得られているということである。学業達成や社会性の発達については、これまで一貫して限定的な効果しかないという結果が出ているようにみえる。しかし、このことをもって他の基礎的なプログラムが中断されるようなことは決してあってはならない。就学前段階の子ども(2〜6歳)を対象としたプログラムについては、乳幼児(0〜2歳)に関する結果とは対照的である。それを次節で述べよう。

## 就学前教育プログラム（2歳から6歳まで）：その有効性の検証

これまでに発表された文献を検討すると、貧困層の子どもを対象とする良質な就学前教育プログラムが有効であるとする研究は、至るところに存在していることがわかる。「ヘッド・スタート統合プロジェクト（The Head Start Synthesis Project）」（McKey et al., 1985）は、ヘッド・スタート・プログラムの効果に関して利用可能なすべての研究のメタ分析を行ったものである。50本もの調査研究を対象にメタ分析を行った結果、子どもの知的能力、社会情緒的能力や健康状態の直接的な改善、および、その効果が何年にもわたって継続することが明らかになった。また、この分析により、ヘッド・スタート・プログラムは各世帯に保健、社会や教育サービスを提供し、サービスへの橋渡しを行っただけでなく、さまざまな機関にこうしたサービスの提供を促すほどの影響を及ぼしたことが明らかになった。Ramey, Bryant and Suarez（1985）は、11本の実証研究を取り上げ、就学前教育プログラムに参加した子どもの知能テストの平均点が、統制群に割り当てられた子どもの知能テストの平均点と同じまたはそれ以上であることを見出している。Lazar 他（1982）は、「縦断的調査のためのコンソーシアム（Consortium for Longitudinal Studies）」と呼ばれる共同研究により得られたデータの一部を分析した。そして、就学前プログラムに参加した子どもは、学校入学時における知能テストの得点が良く、特別支援学級への配置率は低く、良好な成績が維持されているなど肯定的な効果がみられたとしている。Barnett（1995）は、最も関連性の高い研究に関する最新の調査をまとめている。また、Myers（1992）は、世界中の幼児発達研究のすべての側面に関する研究をまとめ、「幼児期における健全な発達を促す重要性」（435頁）を指摘している。


## 就学前教育プログラムによる効果はしだいに消失するか

貧困層の子どもを対象に行われる良質の就学前教育プログラムによる効果

の大部分は徐々に消失してしまうと主張する研究者もいるが(例えばMcKey et al., 1985など)、特別支援学級への配置率、高校卒業、または非行減少への影響に関しても効果が消失するという研究は事実上存在しない。効果の段階的な消失がみられたのは、知能テスト得点だけである。1960年代には、幼児教育プログラムは知能テスト得点の上昇につながるが、その後の教育プログラムによる効果はあまり得られないという仮説が支配的であった。しかし、それについては、知能テストにおける得点の違いには教育環境の違いが反映されていると論じることもできるかもしれない。就学前教育プログラムに参加していようがいまいが、小学校では同じ教育環境に置かれるので、知能テスト得点は徐々に同じ点数になっていくとみることもできる。

### ハイスコープ・ペリー就学前教育研究

ハイスコープ・ペリー就学前教育研究は、実験に基づくその入念な研究計画やその観察期間の長さから、これまで実施されてきたプログラム効果に関する調査としては、最も完璧に近い計画の1つであるとされている(Schweinhart, Barnes and Weikart, 1993)。この研究の課題は、ハイスコープ・ペリー就学前教育プログラムは対象となった子どもの人生に影響を及ぼしたのかを明らかにすることであった。調査は落第する確率が高いと言われる貧困層の家庭に生まれた123人のアフリカ系アメリカ人を対象に行われた。1960年代初めに、当時3～4歳であったこれらの子どもたちは、能動的学習を伴う良質な就学前教育プログラム(ハイスコープ・カリキュラム)を受けるプログラム集団と、就学前教育プログラムを受けない集団とに無作為に分けられた。この2つの集団は、長期にわたって入念に調査された。調査員は、調査対象者が27歳になった時点で、その95％に面接調査を行った。また、学校、社会サービス、公的な記録文書からもデータの収集を行った。就学前教育後における集団間の違いは就学前教育プログラムの効果を表すものであると仮定した場合、就学前教育プログラムの効果に関する統計的に有意な結果としては、以下のよ

うな点があげられる(両側検定の結果、5％水準で有意のものをあげている)：

- 社会的責任：27歳までに5回以上逮捕された者の割合は、プログラム集団の方がずっと低く、非プログラム集団の5分の1であった（7％対35％）。また、麻薬による逮捕経験があった者の割合は、プログラム集団が非プログラム集団の3分の1であった（7％対25％）。

- 所得と経済状態：27歳の時点において月収が2,000ドル以上であったプログラム集団の対象者の割合は、非プログラム集団の4倍にのぼった（29％対7％）。自宅を所有していた者の割合は、プログラム集団が非プログラム集団の3倍（30％対13％）で、車を2台以上所有していた者の割合は、プログラム集団が非プログラム集団の約2倍であった（30％対13％）。成人してから福祉サービスやその他の社会サービスを受けたことがある者の割合はプログラム集団の方が、非プログラム集団に比べ、大幅に少なかった（59％対80％）。

- 学業達成：正規の高校卒業、または成人向けの高校教育の修了、または一般教育修了証書（General Education Development Certification）を得た者の割合は、プログラム集団が、非プログラム集団を3分の1程度上回った（71％対54％）。プログラム集団の子どもは、それ以前の段階においても、学力テスト（14歳）や識字能力テスト（19歳）の双方において、非プログラム集団の子どもを大幅に上回る得点をとっていた。

- 婚姻の継続：　男性についてみると、既婚者の割合については集団間における有意差は確認されなかった（26％）。しかし、プログラム集団の男性は、非プログラム集団の男性より平均で約2倍長く結婚生活を送っていた（平均6.2年対平均3.3年）。女性についてみると、面接調査が行われた27歳の時点において結婚していた女性の割合は、プログラム集団

の方が高く、非プログラム集団の既婚女性の割合の5倍にものぼった（40％対8％）。非嫡出子を持つ女性の割合はプログラム集団の方が低く、非プログラム集団の3分の2であった（出産全体の57％対出産全体の83％）。

- **投資収益率：** プログラムとその効果の金銭的な価値を測定するため、費用便益分析を行った（1992年価格に換算）。対象者1人当たりの利益88,433ドルを、1人当たりにかかった費用12,356ドルで割ったところ、ハイスコープ・ペリー就学前教育プログラムに投資された1ドル当たり7.16ドルの便益があることが明らかになった。プログラムは、大部分の官民による社会資源の利用による効果を上回る、非常に有効性の高い投資であった。保育者1人当たりの子ども数を5人から8人に増やすことで、実質的な便宜の質を落とすことなく、プログラムの子ども1人当たりの年間費用を削減することも可能である。

　幼児教育は、それが良質のプログラムとして提供される場合、貧困への非常に有効な対抗手段となりうる。だがもちろん、そうしたプログラムのみにより事態が解決されるというわけではない。例えば、ペリー就学前教育プログラムに参加したすべての子どもにプログラムによる効果が確認されたわけでもなければ、プログラムの対象となったすべての子どもが高校を卒業したわけでもない。成人してからの月収が2,000ドル以下だったプログラム対象者の割合は、71％にものぼる。しかし、プログラムへの参加により対象者の人生における機会が向上したことは確かな事実であり、プログラムが、福祉サービスを必要とする人や地域社会に大きな社会問題を引き起こす人の数を大幅に減少させたこともまた事実である。

　このように、2～6歳児（発達の前操作期）を対象とする教育プログラムの有効性は確かに確認できる。次の章では、「就学前教育への介入ですべてが解決されるのか」「実際に保育場面で使用される教育方法は重要ではないのか」

といった点について考察を行う。

## 第5章　幼児教育カリキュラムのモデル：
## プログラムはすべて機能するのか？

　子どもに対して用いられる教育方法は多様であるが、一般的には、図1に示されるように、4つのカテゴリーに区分することができる。これらの区分を使うことにより、カリキュラム・モデルに関する説明や研究をより効率的に行うことができる。この分類法を最初に紹介したのはWeikart(1972)だが、他の研究者による幼児教育カリキュラム(Kohlberg and Mayer, 1972)や育児スタイル(Baumrind, 1971)の分類でも、基本的にはこれと同じような分類がされている。この類型化は、学習の場において、教師や大人が主導する部分が多いのか、それとも子どもが主導する部分が多いのかに基づいている。どちらがとられるかは、使われているカリキュラム理論の意図によって変わってくる。

　**プログラム型**(programmed approach)は、学習理論から導かれる手法を含むもので、ここでの教師の主な役割は、必要な学習活動を決定し、それらを主導することにある。このモデルにおける子どもの役割は、教師により与えられるものに応答し、それを学習することであり、自分自身の学習や活動を自ら展開することではない。こうしたカリキュラムには、明確に定義された目標が含まれ、子どもをこれらの目標へと導くために入念に構成され、プログラム化された一連の学習事項が組み込まれ、教師にはこの一連の学習事項を実

| 子どもの役割 | | 教師の役割 | | |
|---|---|---|---|---|
| | | 教師の主導性が高い | | |
| | 子どもの主導性が低い | プログラム型 | オープン・フレームワーク型 | 子どもの主導性が高い |
| | | 養護型 | 子ども中心型 | |
| | | 教師の主導性が低い | | |

図1　就学前教育カリキュラムのモデル

践するための筋書き、または明確な指示が与えられる。その内容は通常、特定の学習適応スキルの育成に重点を置くものである。ここでの学習とは、プログラム化された教育目標に基づく「正しい」回答ができるようになることを意味する。十分に明確な行動目標が示されれば、行動修正(behavior modification)技法の使用により、ほぼすべての子どもに事実上、どんなことでも教えることができるという考え方に基づく教育方法である。

オープン・フレームワーク型(open framework approach)は発達理論に基づく手法で、学習活動を主導する役割は、教師や子どもの両方に委ねられる。主な教育目標は、子どもの基本的な認知プロセスや概念の発達を促すことで、特定の技能の発達を目指すものではない(しかし全般的な発達が促進されることにより、後にこうした特定の技能も習得されることが想定されている)。学習は、子どもの意思に基づく、与えられた環境における直接的な経験や行動と、それに続いて起こる経験に関する振り返りの共有から得られる。ここでの学習とは、プログラム型のカリキュラムにみられるような特定の情報の蓄積とは異なる。オープン・フレームワーク型カリキュラムは、通常、子どもの発達に関する特定の理論に基づき作成される(ハイスコープ・カリキュラムはピアジェの理論に基づいている)。この理論は、プログラムの日々の内容を指定することなく、教師に意思決定の枠組み(フレームワーク)を与えようとするものである。その内容は、子ども自らが重要と思う関心事項と同様に、子どもにより特定され、学習は、教師により構築、観察される環境に、子ども自身が積極的かつ主体的に関与することにより成立する。

子ども中心型(child-centered approach)は、社会性の発達や成長に関する理論に基づく手法で、通常、学習は子どもによる遊びという形で開始され、一人ひとりの子どもの関心や活動への対応が教師の役割になる。世界の就学前教育プログラムの大部分が、自らの手法をこのカテゴリーに含めるであろう。子ども中心のプログラムは、子どもの「総合的な」発達への重点的な取り組みを特徴としており、特定の学習準備スキルや認知能力の習得ではなく、社会的、情緒的発達や、自己表現能力の育成を重視する。教室環境は概して開放

的で、刺激が豊富であることが理想である。教師は子どもに対して寛容であることが多い。学習内容は、子どもが好むトピックを中心に構成され、それにより、全面的な社会化や文化化、子ども中心による創造的な活動の機会、子ども同士の仲間づくりをサポートすることを目指している。

**養護型**(custodial approach)は、子どもを自由に遊ばせながら、教師や大人が基本的な世話を行う手法である。保健や栄養改善など、特定の目標に重点が置かれているプログラムにおいては、子どもはベビーベッドや囲いの中で受け身の状態で放置され、トイレの時間やおやつの時間を待ち続けることもある。保育者と子どもとの間には、特にスケジュールに組み込まれていない限り、ほとんど交流はない。子どもが積極的に活動に取り組む機会もほとんど与えられないのが一般的である(この手法は発展途上国の一部のプログラムで採用されている。実際、「子ども中心型」と称されるUNICEFのプログラムやその他の保健・栄養改善プログラムの大部分がこのカテゴリーに該当する)。しかし、この手法の有効性を裏づける理論は存在せず、あまりお勧めの手法とは言えない。

次節では、これらの手法それぞれの効果の違いに関する分析を行った研究について考察する。複数のプログラム間の比較研究は、1つのプログラムの効果分析よりも難しい。というのは、同一プログラム内では、その内容の同一性が確保されねばならないし、参加者を無作為に割り当てなければならないからである。こうした基準を満たした研究は非常に少ない。

## 就学前カリキュラムの比較研究

1960年代に開始された就学前カリキュラムに関する3つの長期研究は、貧困層の子どもに重点的に取り組み、「直接指導型」(プログラム型)、「ハイスコープ・カリキュラム」(オープン・フレームワーク型)、「伝統的ナーサリー・スクール・プログラム」(子ども中心型)に関する比較分析を行った。3つの研究とは、ハイスコープ就学前カリキュラム比較研究(Schweinhart and Weikart,

1997)、ルイスビル大学ヘッド・スタート研究(Miller and Brizzel, 1983)、や、イリノイ大学研究(Karnes et al., 1983)である。これらの3つの研究では、面接や記録から集められるデータのほかに、知的能力を測定するためのさまざまなテストを用いてのデータ収集が行われた。これら3つの研究により明らかにされたのは、知的能力を測定するためのさまざまなテストにおいて、少なくとも研究が始められた初期の段階では、直接指導型プログラムに参加していた子どもに、子ども中心型やその他の手法に基づくプログラムの子どもを上回る能力が確認されたということである。しかし、こうした著しい相違が確認されたのはプログラムの実施中やプログラム終了から1年間のみであった。言い換えれば、一時的に知能指数が上がっても、その後少しずつ低下していくという傾向は、これら3つの長期研究の対象となった就学前プログラムでも同様だったということである。イリノイにおける研究では、プログラムによって高校卒業率が大幅とまでは言わないが、有意な違いがあることが明らかにされた。具体的には、子ども中心型が70％、直接指導型が48％、プログラムを受けなかった集団が47％であった。しかし、これら3つの研究の中で、対象集団をランダムに分けていたのは、ハイスコープ就学前カリキュラム比較研究だけであった。

## ヘッド・スタートの効果分析

1960年代後半に、就学前カリキュラム・モデルによる効果の違いを分析するために、ヘッド・スタート・プログラムの長期追跡研究が開始された。この「1969-72年に計画されたヘッド・スタート効果分析」は、37の調査地における12種類の就学前カリキュラム・モデルに参加した6,000人の子どもを対象に行われた(Datta et al., 1976)。研究対象となった12のモデルには、直接指導型(プログラム型)、ハイスコープ型(オープン・フレームワーク型)、伝統的な子ども中心型に類似する「イネイブラー型(Enabler model)」などが含まれていた。調査対象はヘッド・スタート・プログラムの対象児童のみであった

が、それでもなお彼らの家庭の社会経済状況やプログラム参加当初の知的能力はさまざまであった。調査設計にはさまざまな困難があったが、それでも2つの傾向が明らかになった。第一は、直接指導型やその他のプログラム化された学習プログラムに参加した子どもは、プログラム終了後の学力テストにおいて、その他すべてのプログラムや対照群の子どもより高い成績をあげた。そして第二は、ハイスコープ・プログラムに参加した子どもは、知的能力において、その他すべてのプログラムに参加した子どもより優秀な結果を示したことである。ハイスコープ・プログラムに参加した子どもは、スタンフォード・ビネー式知能検査において、平均23ポイントを記録したのに対し、その他すべてのプログラムに参加した子どもの検査結果は5ポイント未満であった。

## 就学前教育に関する最近の短期研究

幼児教育カリキュラムに関する比較研究は、アメリカやポルトガルでこの他にも数多く実施されてきた。例えば、Burts、Charlesworth、Hartとその共同研究者たちは、教師による発達段階を踏まえた適切な信念や実践内容(National Association for the Eduaction of Young Childrenに定義されている)の評価に基づく研究プログラムを実施してきた(Bredekarmp, 1987)。ハイスコープ型や子ども中心型は「発達段階の観点からみて適切な働きかけ」とされる一方、直接指導型は、「発達段階の観点からみて不適切な働きかけ」とされた。彼らは、37人の幼稚園児を対象に、(発達段階の観点からみて)「不適切」なクラスの子どもには、「適切」なクラスの子どもに比べ、より多くのストレス行動(気分が悪いなどの訴え、どもり、けんか、体の震え、不安そうな笑い、爪を噛む行為など)がみられた(Burts et al., 1990)。同様の調査は204人の園児に対しても行われ、そこでは、カリキュラムによる影響は、特に直接指導型クラスに置かれることが多いアフリカ系アメリカ人の男子に、その影響が最も顕著に表れることが分かった(Burts et al., 1992)。

その他のカリキュラム比較研究としては、DeVriesやその共同研究者による、直接指導型、ハイスコープに代表されるオープン・フレームワーク型、折衷型の3つの幼稚園クラスに関する体系的観察に基づく調査があげられる。彼女たちは、それぞれの教師の子どもとのかかわりに関する分析を行った結果、オープン・フレームワーク型の教師は、相互的で協力的なネゴシエーション戦略の活用や共有経験のにおいて、他の2つの型をはるかに上回っていることを明らかにした(DeVries et al., 1991a)。また、子どもに2種類のゲームに参加させ、そこでの子どものやりとりを分析した結果、オープン・フレームワーク型プログラムの子どもは、直接指導型や折衷型プログラムの子どもに比べ、対人関係における双方向性が高く、より多くの多様なネゴシエーション戦略や共有経験を有していることが明らかになった(DeVries et al., 1991b)。幼稚園入園前や1年生の時点における学力テストでは、直接指導型プログラムの子どもの方が、オープン・フレームワーク型プログラムの子どもよりもはるかに高い点をとったが、こうした得点差は小学3年生までにはすべてなくなった。

　カリキュラムに関する比較研究は、比較対照となるカリキュラム・モデルが、幼児教育に携わる教師にとって選択可能であって初めてその重要性が認められる。Marcon(1992, 1994)は、教師主導型、子ども主導型や「中道型」の3つの就学前プログラムが、ワシントンD.C.の教師により使用され、運用されていることを確認している。Marconの研究では、これら3つのプログラムに295人の子どもをランダムに振り分け、分析がされている。ここで言う教師主導型は直接指導型に近く、子ども主導型はハイスコープ型に近い。どの型のクラスに属するかによって、基本的な読解力、言語能力、計算能力の習得における著しい相違が確認され、最も得点が高かったのは、子ども主導型クラスで、その次が教師主導型クラス、最も得点が低かったのが「中道型」クラスの子どもであった。このような得点差は、統計的には有意ではないものの、小学4年生の時点においても、総合点や大部分の科目において確認さ

第5章 幼児教育カリキュラムのモデル：プログラムはすべて機能するのか？ 57

れている。

　他にも、「ハイスコープ指導者研修評価(High/Scope Training of Trainers Evaluation)」(Epstein, 1993)によってもカリキュラムの比較研究が行われている。この調査において Epstein は、ハイスコープ・カリキュラムを使用しない良質のクラスに割り当てられた子どもに比べ、ハイスコープ型クラスの子どもは、カリキュラム実施後の学年末には、物事に率先して取り組む力、人間関係、音楽、運動能力や全体的な発達レベルが、前者をはるかに上回っていることを見出した。ハイスコープ・カリキュラムに関する別の研究で、Frede と Barnett(1992)は、ハイスコープ・カリキュラムを中程度またはそれ以上に実施していたサウスカロライナの就学前教育プログラムは、地域における実施率が低かったそれ以外のプログラムに比べ、幼稚園や1年生入学時における子どもの学力向上につながっていたことを明らかにした。次節では、これらの結果をもとに、教育達成や大人になってからの生産性向上に対してどのような教育方法が有効かを明らかにするために行われた長期研究について検討する。

## ハイスコープ就学前カリキュラム比較研究

　ハイスコープ就学前カリキュラム比較研究(Schewinhart and Weikart, 1997)は、1967年に開始された。プロジェクトでは、ミシガン州イプシランティに住む貧困層の3歳児および4歳児(アフリカ系アメリカ人やアングロサクソン系アメリカ人)68人が、層化無作為割り付け法により、直接指導型(プログラム型)、ハイスコープ型(オープン・フレームワーク型)、伝統的な保育学校型(子ども中心型)のいずれかのカリキュラムに割り当てられた。対象となる子どもは1年から2年間、これらのプログラムに参加した。それぞれの集団の子どもは、1週間おきに22時間の日中の学級活動と、両親を交えての90分の家庭訪問を受けた。そしてこれらの子どもたちが23歳になったときに、教育達成、家庭・生活への適応(特に犯罪による逮捕回数)がカリキュラムによってどう違

うのかを調べた。その結果が以下にまとめられている。これらの結果と、ハイスコープ・ペリー就学前教育研究の結果とを比較することも可能である。

**教育達成**：23歳までの調査において教育達成について集団間の有意差が確認されたのは次の点だけであった。直接指導型のグループは、スタンフォード・ビネー式知能検査において、就学前教育プログラム終了時の5歳の時点で、伝統的ナーサリー・スクール型グループの得点を上回っていた。知能検査の実施により明らかになったより重要な結果は、経験したカリキュラムに関係なく、調査対象となったすべての子どもの平均知能指数に驚くべき上昇が確認されたことである。1年間の就学前教育プログラム終了後の3つのカリキュラム集団の知能指数は、3歳児の平均知能指数78を、平均で26ポイント上回った。その後6年間で平均9ポイントの差の縮小が確認されたが、それでも6歳の時点では同年齢の平均値より17ポイント、7歳では10ポイント上回り、予想されていた知能指数の段階的な縮小とは相反する、プログラムの持続的な効果が確認された。

しかし、直接指導型グループに与えられた2年間にわたる徹底した学習準備教育にもかかわらず、学校教育を通して学力テストの結果は、3つのすべてのカリキュラム・グループとも基本的には同じであった。情緒機能障害のため特別指導を受けた年数は直接指導型の方が長く、その他の集団に割り当てられた子どもはほとんど特別指導を受けなかった（この点には統計的有意差が確認できた）。直接指導型の子どもの各科目における落第率は、その他2つのカリキュラム集団の約2倍であった。これは統計的に有意なものではなかったが、直接指導型集団の17-18歳での高校卒業率が他の集団に比べて低い傾向と一致している。

**家庭**：23歳というのは成人としての人生の幕開けであると同時に、人生の過渡期である。追跡調査の回答し者のおよそ半分(47%)が23歳の時点において自分の両親あるいはそのどちらかと同居していた。結婚して配偶者と暮らしていた者の割合は、カリキュラム・グループによって大きな差がみられた。既婚者の割合は、直接指導型では0%、伝統的保育学校型では18%、

ハイスコープ型では31％であった。この結果は、ハイスコープ・ペリー就学前教育研究で得られた、27歳における既婚率がプログラム集団の女性で40％、非プログラム集団の女性で8％という結果と類似している。

**生活適応**(犯罪による逮捕回数)：直接指導型グループの逮捕回数は、成人してからのものも含めると、その他2つのカリキュラムのいずれと比較しても平均で2倍以上であった。直接指導型の平均逮捕回数が3.2回だったのに対して、ハイスコープでは1.5回、ナーサリー・スクール型では1.3回であった。

最も重要なのは、直接指導型グループの重犯罪容疑による逮捕率は、他のカリキュラム集団を著しく上回り、他の2つの集団に比べ4倍にものぼったということである。こうした相違は、特にこの種の犯罪による逮捕が急激に増加する、22〜25歳までの時期に現れ始めていた。重犯罪容疑による逮捕者の割合は、直接指導型で48％、ハイスコープで10％、ナーサリー・スクール型で17％であった。

インタビュー調査の結果、ハイスコープ型グループに比較して直接指導型グループは、いら立ちの原因を地域社会に多く求める傾向がみられた(具体的には、回答者は「最近回答者に嫌な思いをさせた人」をあげる質問が用いられた)。いら立ちの原因として最も多くあげられたのが、行政機関、勤務先の上司、警察、裁判所や家族・親族であった。特に直接指導型グループに警察や裁判所あげる者が多かったということは、直接指導型グループに重犯罪容疑による逮捕件数が多いことと深く関係している。

最後に、直接指導型は、その他のカリキュラム集団のいずれとの比較においても、より頻繁に停職処分を受けていることが報告されている。停職処分を受けたことがある者の割合は、他の2つの集団ではほぼゼロであったのに対し、直接指導型では0.6％であった。

## カリキュラム・モデルとプログラムの質

　この研究は、長期的な利益をもたらす良質な就学前教育プログラムを実現するには、子どもの自発性を支援するカリキュラム・モデルが不可欠であることを示唆している。特に、貧困層の幼児に対して教師中心の指導法を行政が主導することは非常に危険であることを示している。効果的なカリキュラムにより得られる成果と同様の結果を得たいのであれば、プログラムと教師は、以下にあげるカリキュラム・モデルに従う必要がある。プログラムの効果は、研究で使われたプログラムと本質的に同じプログラムを使わないと得られない。NabucoとSylva(1995)による同様の研究においても、カリキュラムは文化的、社会経済的、人種的な要因より重要である可能性が高いという見解が示されている。しかし、何人かの研究者が指摘するように、カリキュラム・モデルに沿うからといって、「自分で考えて判断する」ことが必要なくなるわけではない(Goffin, 1993; Walsh et al., 1993)。就学前プログラムを取り巻く状況は常に変化している。教師はこうした状況の変化に合わせ、原理原則も自分でよく考えて適用しなければ、それに基づく実践も形式的なもので終わってしまう。他方、この研究は、伝統的な幼児教育の知恵は正しいことを示唆しているが、過去の名高い幼児教育者による見解すべてを正当化するものではない。

　1つには、長期的なプラス効果を得られるプログラムとそうでないプログラムとの相違は、家庭訪問や教師・保護者間の連携の有無によるものであるという間違った認識を払拭しなければならない。隔週で行われる家庭訪問は、他のカリキュラムと同様に、直接指導型プログラムの重要な要素でもあった。しかし、保護者に対する働きかけがカリキュラムによる効果を持続・強化する要因であるか否かについては、この研究においても明らかにはされていない。ただ、子ども中心型やオープン・フレームワーク型プログラムの実施においてもし保護者による子どもへの全面的な協力が得られていなかったとしたら、23歳の時点での重犯罪容疑による平均逮捕件数に関して、これらの

プログラムに参加した対象者と直接指導型に参加した対象者の間に著しい違いはみられなかったかもしれない。

　このハイスコープ就学前カリキュラム比較研究は、幼児教育においては、教師主導の指導法より、オープン・フレームワーク型の教育がより適切であることを示している。この研究では、大人として責任ある人生を送るために必要な意思決定能力や社会的技能の発達を促す教育方法として、ハイスコープ・カリキュラムが、また、それには及ばないもののある程度効果的な手法として伝統的ナーサリー・スクール型があげられている。この研究では特に、これらのアプローチによる犯罪防止効果が指摘されている。ハイスコープ就学前カリキュラム比較研究では、カリキュラム・モデルとしてどれが選択されるかということが、幼児教育の質を決定する重要な要素であることを示している。

## 公共政策への教訓

　公共政策への教訓は明らかである。良質の能動的学習プログラムに参加している2歳から6歳までの子どもは、その養育環境（家庭、在宅保育、施設保育）にかかわらず、活動を選択し、計画し、自ら自主的に選択肢を作成する機会を与えられれば、より成績の良い生徒として、また、より生産能力の高い市民として成長することができる。この年齢の子どもに対して「教え込む」教育を行うことは、それが教育計画・行政官にとってどんなに論理的に感じられるとしても、子どもにとっては逆効果なのである。この主張を裏づける良質の研究はきわめて少ない。しかし、この公共政策への教訓は、言語や文化を問わず、また、都市部・農村部を問わず、世界中のほとんどの子どもに当てはまる。誕生から2歳までの子どもに関して言えば、この年齢層を対象としたプログラムは、保健、栄養、家庭に必要なさまざまな支援を提供するシステムとしてその有効性が明らかになる可能性がある。しかし、教育プログラムへの投資については、その有益性はまだ十分に確認されていない。

# 第6章　有効なカリキュラム・モデル：選択と活用

　保育や幼児教育において何が効果的なアプローチかを分析した一連の研究が示す結論は明確である。すなわち、「大人が設計する保育ではなく、大人がサポートしながら子どもが自発的に学ぶカリキュラム・モデルを使用すべき」である。これは少々意外な結果ではあるが、希望が持てる結果でもある。というのは、これによって専門家、家族、地域社会の各々が、幼児の保育や教育に関するそれぞれ独自のアイデアや目的を実行できるようにするという理想的な公共政策の達成をサポートできるからである。子どもの自発的な学習を重視するカリキュラム・モデルは、こうした取り組みの促進に最も有効である。というのは、その焦点が内容ではなくプロセスに置かれているからである。そこには筋書きもなく、それゆえに行政機関、教材の出版社に制約を受けることもないため、子どもの自発的な学習が組み込まれる。そのようなカリキュラムでは、地域社会の伝統、ゲーム、歌、物語や偶然目にする教材を取り上げることができる。このように見慣れたものや活動への子どもの

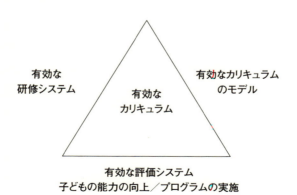

図2　カリキュラムのモデルの選択基準

関心をさらに引き出すのには、地域社会をよく知っている大人による支援が有効である。このような「開かれた」保育が行われることで、子どもは自らが置かれている保育施設や教室内でみられる子ども同士の大きな違いを認識できるようになるのである。

オープン・フレームワーク型カリキュラムは、子どもの自発性と大人による積極的なサポートが協調されており、その利用価値は高い。しかし、それ以外にもカリキュラムの選択基準は存在する。理想的な結果を得るためのカリキュラム・モデルの選択に関しては、図2に示すようなさまざまな選択基準がある。良質な就学前教育プログラムの有効性が発揮されるためには、3つの要件が満たされなければならない。具体的には、(1)効果的なカリキュラムに基づいていること、(2)効果的な保育者養成・研修システムが存在していること、(3)効果的な評価システムが存在していること、である。

## 効果的なカリキュラム

カリキュラムが効果的に機能するためには、カリキュラム・モデルが子どもの発達に関する適切な理論や考え方に基づいている必要がある。入念に検討された構成原理は必ず論理的なシステムを形成する。そして、日々のプログラム運用や実践に関する決定はそれに基づき行われる(学習環境、日常業務、大人と子どもの相互作用、教師による詳細な保育計画、保護者による関与の性質や範囲、学習活動の編成、けんかの仲裁、教育技術の活用など)。例えば、ハイスコープ就学前カリキュラム・プログラムでは、子どもの知的発達に関するピアジェの理論と、すべての年齢段階における参加型学習の重要性に関するデューイの思想が(カリキュラムの)構成原理として機能している。

カリキュラム・モデルの理論的根拠は、プログラム開発者と手法を実際に適用する大人の両方に基本的な指針を与えるものである。教師や保育者が一時的な関心で何でもプログラムに導入できるとしたら、または、プログラムが単に「優れた実践」とされるアイデアを組み合わせただけであれば、プログ

ラムが「単に取捨選択しただけのもの」になる危険が生じる。そのようなプログラムには一貫性がなく、文書化したり、複製して利用したり、有効性を検証するのは困難である。「単に取捨選択しただけの」カリキュラムの成功例が存在していたとしても、それはあくまでも1つの例でしかなく、それを繰り返し実行してその有効性を確認することはできないのである。そのため、そのようなプログラムは地域レベルでも全国レベルでも、保育サービスの計画づくりには役に立たないのが現実である。

　就学前教育プログラムのモデルが、さまざまな学歴・社会的背景をもつ人々に理解され、活用されるためには、まずそれが文書化されなければならない。プログラムの機能や実践内容の記述、プログラムの文書化には常に困難がともなうが、プログラムが広く使われるためには、この作業が欠かせない。また、文書化のプロセスにより、開発者はプログラムの目標や手法を明確に示さなければならない。プログラムはいったん文書化されると、保育経験が十分でない大人も利用することが可能になる。そのため、地域の人々や他分野の専門家によるプログラムへの参加も可能になる。また、プログラムの文書化により、初任者の研修や、保護者やその他関係者へのプログラムの説明を行う際に必要となる、基本的な知識が形成されるほか、手法の有効性が確認された国の言語への文書化されたプログラムの翻訳も可能になる。また、特別な教育ニーズを持つ子どもや多言語状況の子どもなど、特別なグループに支援を行う個人や団体が使えるように、その利用範囲を拡大させることも可能になる。ハイスコープ型プログラムに関しては、*Educating young children* (Hohmann and Weikart, 1995)というタイトルのテキストが、最も最近の文書化事例である。このテキストとは別に、テキスト内容の特殊な成人や子ども集団のニーズに合わせた編成を促すための、さまざまな支援資料や録音・録画資料が存在している。これらの資料の多くは、現在、アラビア語、トルコ語、オランダ語、ポルトガル語、スペイン語、フィンランド語、中国語、フランス語、ノルウェー語、韓国語など、英語以外のさまざまな言語に翻訳されている。

モデルとなるシステムは、モデルが首尾よく実施されれば高い効果があるということを示す研究によって、その有効性が実証されなければならない。ほとんどのモデルは、この長期的効果の実証という絶対的な条件を満たしてはいない。教育現場、特に幼児を対象とするプログラムにおいてはしばしば見受けられることであるが、大人は、自分が好きな理論を使いたがるものである。こうした理論は、直接的な経験に基づくものであるため、有効な手段として謳われる。しかし、ここまで述べてきたように、伝統に基づく一見論理的にみえる手法や、さまざまな環境で適用されてきた手法が、実際には望ましい結果につながっていないことも多いのである。したがって、適切に設計された長期的な追跡研究のみが、莫大な規模の公的資金を投ずるべきかどうかに対する答えを提供することができる。こうした研究は多くの予算と時間を要し、その策定、資金調達や実施にも困難がともなう。しかし、社会や教育に関する諸問題を解決するために特定のモデルを広く展開するためには、こうした研究が不可欠なのである。ハイスコープ型プログラムの導入に関しては、長期にわたって実施された「ハイスコープ・ペリー就学前教育研究」により、このモデルが幼児期から成人期までにわたる長期的効果という点で大いに有効であることが実証された。この画期的な研究は、「ハイスコープ就学前カリキュラム比較研究」の支援を受けて実施された。そして、ハイスコープ型がより大きな効果を持つという点を明らかにしている。ハイスコープ・カリキュラムを採用する大部分の国が、それぞれの地域におけるモデルの適用にともなう問題を検証するために、小規模な地域調査研究を展開している。

　**カリキュラム・モデルは、広範囲で、しかも、さまざまな環境で使用され、その有効性が検証されなければならない。**カリキュラム・モデルは、現実的な理由から、一定の環境の、限られた対象の反応をもとに作成される。しかし、このように限られた対象に対してプログラムがうまく実施されその有効性が認められたとしても、より広範囲の、それとは異なるさまざまな集団に対して、同じやり方を用いてよいのだろうか。モデルを広く展開したときに

うまくいくかどうか、また限界があるかどうか、その点を明らかにするには、さまざまな地域でさまざまな言語・民族集団を対象に、そしてさまざまな能力のグループを対象に、モデルを試験的に実施することが重要になる。

ハイスコープ型のアプローチに関しては、アメリカやその他の多くの国におけるこの手法の使用に関する調査研究により、その有効性と子どもの発達を支援する高い効果が実証されている。また、アメリカでの研究（Epstein, 1993）により、このモデルの質はそれが複製されて用いられても効果はそのまま維持されることが明らかにされている。その他、Berry and Sylva（1987）による英国における研究や、Nabuco and Sylva（1995）によるポルトガルにおける研究などは、さまざまな文化、環境、言語、社会的背景の対象者について分析を行っているが、その結論は、「ハイスコープ・ペリー就学前教育研究」と同様である。

---

**Box 2. ハイスコープ指導者研修評価**

（The High/Scope Training of Trainers Evaluation）

指導者研修評価は、保育プログラムの質の全国規模での向上における、ハイスコープ研修やカリキュラムプログラムの有効性に関する調査を行ったものである。1981年、ミシガン州イプシランティのハイスコープ教育研究財団は、全国の保育園や幼稚園で働く多数の教師を対象に現場研修を実施する目的で、指導者研修を開始した。同財団は、1991年現在、すでに80の指導者研修プロジェクトを実施し、アメリカ国内の38州やその他2カ国に、合計1,075人のハイスコープ認証指導者を輩出した。これら1,075人の認証指導者は、さらに、年に25万人以上の子どもの指導にあたっている2万6,000人の教師の研修を行ってきた。

1989年から1992年にかけて、ハイスコープのコンサルタントから認定指導者、認定指導者から一般の教師、子どもへのプログラムの伝達状況を分析するために、さまざまな方法で評価が行われた。この大掛かりな取り組みの一部として、ハイスコープは40もの指導者研修プロジェクトにおける793人の参加者やコン

サルタントから事例となる記録を収集し、全国の203人のハイスコープ認定指導者から無作為に対象を選び、244のハイスコープ施設や122の非ハイスコープ施設で働く教師への面接や観察による勤務実態の確認を行い、ハイスコープ・プログラムに参加していた97人の子どもと対照群103人の子どもの調査を実施した。

　この研究では、ハイスコープ研修が有効かどうか問題に加え、保育プログラムの質の向上や幼児の発達を向上させる効果を得るためにはどのような現場研修が行われるべきかといった、より広範な問題が扱われた。養成教育や現場経験に加えて現職研修が実施されれば、幼児に対して適切で魅力的なプログラムを教師が実施できるようになるのだろうか。プログラムの質や幼児の発達促進が可能であるならば、こうした望ましい結果につながる研修はどのようなことがなされるべきなのだろうか。

　評価研究により、1つ目の疑問に対する非常に肯定的な回答が得られた。つまり、ハイスコープ研修は有効であることが明らかにされた。ハイスコープ・カリキュラムは、ハイスコープ財団からは時間的にも距離的にも離れた全米のプログラム実施施設により、プログラムの質が非常に適確に維持された状態で実施されたことが確認された。ハイスコープ実施施設は、プログラムの質に関する発達に基づく指標で、対照群の施設を著しく上回った。また、発達検査においても、ハイスコープ・プログラムに参加した子どもには、対照群よりも良好な結果が確認された。

　また、この研究により、**現職研修はプログラムの質や子どもの発達に著しい効果を与える**という一般的な主張に対する確かな裏付けが得られた。現職研修は、フォーマルな教育を修了した後の職業能力開発につながる。教師は、現場での学びにより、経験をより良い実践につなげていけるようになるため、プログラム自体の質が向上する。そして、プログラムの質の向上によって、結果的に子どもの良好な発達へとつながっていくのである。

**良い現職研修とはどのようなものか**

　社会の発展と変化が激しい現代においては、保育や幼児教育に携わる教師に

対する訓練の大部分が現職研修となっていかざるを得ない。
　ハイスコープ現職研修の特徴は以下のようにまとめることができる：

- **統合的な内容**（integrated content）　現職研修は、相互に関連のあるトピックを順序立てて積み重ねていくようになっており、段階的に知識を蓄積していくことを目指している。
- **成人学習に対応したプレゼンテーション**　研修の手順は、成人の学習方法に関する研究成果を踏まえて構成されている。指導者はグループ別に行われるワークショップのプレゼンテーションを通して保育者と交流し、それぞれの職場を訪れ、保育を見学したうえで、保育者へのフィードバックを行う。
- **体系的なカリキュラム**　ハイスコープ財団は、子どもの発達原理に基づく体系的なカリキュラム・プログラムを使用している。このカリキュラムは、学んだ知識を適用したり、実践したりする際の枠組みとしての役割も果たしている。
- **実践的な研修**　現職研修は、実践への適用のための戦略を探求するために行われる。その戦略は、実際の保育現場で実践される。
- **配分的学習**（distributive learning）　研修は何ヶ月にもわたって実施される。そのため、スタッフは、1週間のワークショップと現場における数週間にわたる実践を交互に試行することができる。こうした研修サイクルにより、プログラムの現場への適用や問題解決が促進される。そして、時間を追って保育者の力量が向上していくことが重視されている。
- **フォローアップのメカニズム**　定期的に研修と指導が継続するということは、フォローアップの機会が研修の中にしっかりと組み込まれている証拠である。研修生は、指導者と個別に相談することができるし、グループ・セッションで研修生同士で話し合うこともできる。

出典：Epstein, 1993: 6-7 より抜粋。

## 効果的な研修システム

　モデル・カリキュラムには、効果的な研修制度が不可欠である。というのは、効果的な研修があって初めて実際の保育場面で（多様な教室や保育環境で）適切に実践されるからである。広く一般的に利用可能で、効果的な現職研修プログラムを開発するには、モデルの妥当性を実証するのと同様に、多くの困難が伴う。効果的な研修プログラムには、これまでに述べてきたすべての手順が含まれると言っても過言ではない。それは、大人の効果的な学習を促す系統的なプログラムに基づいていなければならない。しかし、系統的な研修プログラムのモデルに関する情報を単に普及させるだけでは不十分である。手法を学ぼうとする教員すべてに一貫した研修が行われるよう、研修プログラムが文書化される必要がある。モデルが同じでも、それに使われるシステムや情報が講師によって違えば、実際のプログラムの内容は大きく異なってくる。実際に手法を適用する政策担当者が研修の内容が効果的であることを確認できるよう研究によってプログラムの有効性が実証されていなければならない。ハイスコープ研修プログラムでは、ハイスコープ認定指導者へのインタビュー、個々の教師による実際のプログラムの設計や実施に関する調査、ハイスコープ・カリキュラムの効果を明らかにするために行われた、プログラム対象児童の調査などを通して、その有効性が確認されている（Epstein 1993）。研修プログラム・モデルの有効性を実証することは容易ではない。しかし、研修を広く普及させ、プログラムの開発者が直接実施することができなくなった後、モデルの実行可能性の高さを示すためには、この最終手順が欠かせないのである。Box2には、ハイスコープ研修の効果を検証した研究をまとめておいたので参照してほしい。

## 効果的な評価システム：子どもの発達とプログラムの実施

　カリキュラム・モデルには、対象となった子どもがいかに良好な発達をし

たかを正確に示す評価システムが必要となる。評価システムは、カリキュラムの目標や使用されている教育方法との関係がほとんどない（またはまったくない）子どもの発達の側面を実証するために用いられることが多い。こうしたシステムでは、測定が容易な、狭い意味での学習能力に焦点が当てられているのが一般的である。例えば、読解力の測定には文字認知テストなどが使用される。通常こうした評価ツールは妥当性に欠けることが多い。というのは、これらは子どもの動機や能力の全体像を捉えていないからである。こうした問題は、特に就学前の子どもの評価においてよく出てくる。優れたカリキュラム・モデルには、プログラムの発達目的を反映した道具により、子どもの発達の継続的なモニタリングが可能になるような評価計画が盛り込まれていかなければならない。ハイスコープ・カリキュラムでは、「ハイスコープ子ども観察記録（High/Scope Child Observation Record）」(1992) と呼ばれる観察手法に基づき、大人たちは主要な認知発達や社会性の発達を文書に記録できる。そこでの知見は、自然な観察の中で、子どもが何をどこまで達成できたのか、その実際の行動記録に基づいている。また、こうした観察記録により、保育者や教師はプログラムに参加している子どもの能力を支援・向上させるための活動計画を作ることができるようになる。評価ツールによる量的な評価も、そのアプローチが子どもの発達支援においてどの程度成功を収めているかを示すものである。

　良質なモニタリング・システムは、カリキュラム・モデルが実際に実施されているかを確認できるものでなければならない。モデルが採用されているとはいっても、現場ではその通りに実行されていない場合もある。モデル・プログラム検証の最終段階は、それが実際に（忠実に）実行されているかどうかをチェックすることにある。しばしば、保育者たちは、実際にはさほどモデルを適用していないにもかかわらず、保育記録には適用されているような記述をすることがよくある。モデルを広く普及させるためには、モデルが忠実に実行されているかを第三者が確認できるようにすることが欠かせない。適切にモニタリングが設計されれば、保育者がどのような領域で研修が必要

かも明らかになるであろう。ハイスコープ・カリキュラム・プログラムでは、「ハイスコープ・プログラムの質評価(High/Scope Programme Quality Assessment)」(1998)により、子どもの発達や教師の研修ニーズの両方が評価される。こうした評価システムにより、最高の実践事例(best practice)に関する何十年にもおよぶ研究により明らかにされたさまざまな事実に基づき、幼児教育プログラムの実施の質を検討することが可能になる。

　図2に示したように、全国的な展開を目指すカリキュラムのモデルは、その有効性を確認するための非常に厳しい基準を満たさなければならない。こうした取り組みには莫大な公的資金の投入が必要になることを考えると、モデルは、そのカリキュラム、研修方法や評価手順を含めて、すべてその有効性が保証されなければならない。そうした保証がなされて初めて、政策立案者は、モデルを全国的に普及することができるし、その有効性を確信できるのである。

## 第7章　政策提言：幼児期の発達の社会的貢献

　過去40〜50年にわたって、公共政策における保育の重要性は変化し続けてきた。幼児の発達は、かつては家庭の責任とされ、地域社会による取り組みや関心の対象にさえなっていなかった。しかし、現在では、人格形成や将来の成功にとってきわめて重要な時期として認識されるようになった。こうした変化は、家庭をとりまく環境の変化や、保育に関する何十年にもわたる長期効果が明らかになったことが背景にある。幼児教育や保育のあり方も、世界中での都市への人口集中にともなって変化している。家族の一人ひとりが安定した仕事やより良い生活を求めるようになるにつれ、しだいに都市部や都市近郊地域へ人口が集中していく。多くの小国や発展途上国で、人口の半分以上が首都および周辺地域に居住するという状況が生じている。こうした人口移動やより良い生活を求めるようになった結果、有給の仕事に従事する女性は増えているが、同時に、祖父母からの支援がますます得られにくくなっている。第2章で述べたように、1つまたはそれ以上の保育・教育サービスを使う家族が増加している。その場合、最も広く利用されているのは、施設における保育サービスや教育プログラムである。ごくわずかな例外はあるものの、大部分の世帯はそうしたサービスに満足している。保育サービスへの需要が高いこと、満足度が高いことを考えれば、こうした傾向は今後も続くであろうと思われる。しかし、その質はどうであろうか。子どもにとって、このような家庭外保育・教育経験の質は、いかなるものなのだろうか。

　質に関するこの疑問への答えは縦断研究によって得ることができる。もしプログラムの質が高ければ、子ども、家族や社会全体への利益はきわめて大きい。子どもは、良質のプログラムに参加することで、その後の教育機会をうまく活用できる能力や、仕事上の役割や良識ある市民としての役割を安定して果たす能力を身に付け、社会に貢献する一員となる準備が整う。ここで

特に重要なのは、このようなプログラムへの参加により、社会への不満や個人的な怒りを表す指標、つまり、犯罪行為による逮捕件数が、著しく減少するという事実である。慎重に実施された調査から得られたデータによっても、貧困層の子どもに対する良質な保育プログラムが公的な投資に値することを支持している。アメリカのハイスコープ・ペリー就学前教育研究により実証されているように、プログラム実施費用1ドル当たりの納税者へのリターンは、7ドルにものぼるのである。

　受胎から6〜7歳の小学校入学までの期間は、子どもの発達にとって非常に重要な時期である。子どもは、自分のまわりにいる人間に全面的に依存することによって人生を開始する。広く知られているように、子どもが一人の人間に対して基本的な愛着を持つようになるためには、重要なケアを与える保育者の存在が不可欠である。通常、この保育者は母親であるが、世話をしたり食事を与えたり、常にそばにいてスキンシップをとったり、恐怖心やストレスを緩和させるような言葉をかけたりすることによって、幼児に情緒的な安定感を与える。脳の機能に関するさまざまな研究が示唆しているように、保育者によるこうした行動には、からだを使った触れあいが存在する。こうした触れあいなしに、子どもが正常に発達することはない。今後の研究により具体的な要因が特定される必要はあるが、乳幼児は、誕生から2歳までの期間で、言語の基本的な土台の発達、視覚や聴覚の体系化、身体の内部機能の形成、基本的な運動調整技能の獲得、一貫した、信頼できる保育者に対する非常に重要な愛着の形成などを行っているようである。これらの発達過程を加速させようとしたり、読み書き計算などの高次な技能の導入を試みたプログラムに関する研究は、こうしたプログラムにはきわめて限定的かつ短期的な効果しかなく、長期的な効果がないことを明らかにしている。

　しかし、3歳から6歳までの子どもに関しては、以下の3つの点に関して大きく異なる結果が明らかにされている。第一に、この年齢層の子どもは言葉を使うことができ、目覚しい速度で新たなコミュニケーション能力を習得する。そのため、この年齢の子どもは、初めて会った大人や同年代の子ども

との会話に、より高いコミュニケーション能力をもって対応できるのである。第二は、まだ知らない人や物に対して芽生えつつある安心感や関心である。芽生えつつある新たな能力を使いたいという意欲は、そのような安心感や関心を反映したものである。第三に、この年齢の子どもはすでに驚くべき水準の身体能力を身に付けている。彼らはもはや視界に入る物だけを見て、手が届くところにある物だけをつかめる乳幼児ではない。自らの足で歩くことができるようになり、以前よりはるかに広い範囲を探索できる。すなわち、この時期の子どもは、言葉を使うことができるようになり、新たな状況で初めて会う他者を受け入れることができるようになり、複雑な身体運動を調整することもできる。就学前の子どもは、言語、思考、行動の面において自立性を獲得し、表現することができるようになるのである。

　この年齢の子どもを対象とした介入プログラムに関する研究では、プログラムによる高い効果が報告されている。しかし、プログラムの成功は、子どもの発達段階への十分な配慮がなされている場合に限られている。つまり、もっと後の発達段階で獲得すべき能力を身に付けさせようとするプログラムは効果的ではない。それは、ハイスコープ・ペリー就学前教育研究のような、子どもが大人になるまで何十年にもわたって追跡した調査研究によって、非常に効果的だという結果が報告されていることからも明らかである。子どもの発達段階に応じたプログラムこそが、効果的なプログラムなのである。こうしたプログラムは、子どもが自発的に他人(大人も同年代の子どもも含む)や物事にかかわっていくことを促すものである。このようなプログラムは、環境の中で、子どもたちが活発に身体を動かしたり、何かに没頭したり、物事を探求したりする十分な機会とゆとりを子どもに与えるものである。

　前述の子どもの発達に関する知識やプログラムに関する調査研究に基づき、保育プログラムの成功に欠かせない6つの基準を以下にまとめておく。

1. 内容が明確で、文書化されているモデル・カリキュラムで、その有効性が広く認められているものを使用する

幼児教育プログラムの多くは、アメリカ、ヨーロッパや世界中のその他多くの地域の貧困層の子どもを対象とする、過去数十年間にわたる福祉的な介入プロジェクトの成果に基づき確立されてきたものである。これらの一部をそのまま用いる、あるいは修正したり、組み合わせたりして用いる、または、思考実験として適用することは非常に魅力的に思われる。しかし実際は、プログラムが変化したり、プログラムの対象となる子どもが変化することにより、そのプログラムは、有効性が確認された実践からかけ離れたものになってしまう。最良のモデルは、達成しうるものに対するベンチマークとしての役割を果たすものである。もし新たなプログラムがモデルに基づいて開始されなければ、そのプログラムは何十年にもわたる経験と厳密な研究に基づく実践による裏づけを失ってしまう。まさに、1年目、つまりゼロからのスタートを余儀なくされてしまうのである。

**教育計画担当者への提言**：有効性が確認されているモデルから開始し、その価値を高め、よく検討したうえで新たなプログラムに適用させていくことが重要である。内容ではなくプロセスに焦点を置いている最良のモデルの適用を試みる。第3章で述べられているように、子どもの発達は、たとえ民族や文化が異なったとしても、思ったほどは違わないものである。また、教師や保護者の就学前児童に関する見解や目標は、どの国でも概ね同じであった。カリキュラムのモデルは、その有効性が認められれば、どこでも適用することができるのである。

2. **体系的な現職研修プログラムを提供すること。そして、それは、プログラムにかかわっている子どもや保護者、プログラムスタッフについての知識が豊富で、しかも、採用されているモデルに精通している指導者によって研修の実施が継続的に監督されること**

幼児教育においてきわめて理解するのが難しい考え方の1つは、保育

者や教師の訓練に使用されている特定のカリキュラムが、モデルに関連づけられねばならないという点である。訓練は現場で継続的に行われ、カリキュラムを補強する理論やその理論の現場への適用に焦点が当てられている。実用的である、あるいは人気があるという理由から、研修がプログラムの枠組みから外れたトピックを中心に編成されることがよくあるが、モデルによる手法を用いる際は、研修はあくまで保育者やスタッフが、カリキュラムを実施するときに実際に直面する問題に基づいて設計されるべきである。したがって、例えば保護者の参加に関するセッションでは、家庭での子どもの学びをいかにサポートするかに焦点が当てられなければならない。その際に使われるアプローチは保育現場でのモデルと整合性のあるものでなければならない。

　訓練は現場の保育に関連づけられる必要があるため、現場で継続的に行われるのが合理的である。保育者やスタッフは、自分がふだん働いている保育現場で研修を受けるべきである。研修を職場以外の場所で一斉に実施すれば行政上の効率は上がるが、そうすることにより一人ひとりの子どもに合わせた日々の保育実践との関連性は損われる。最後に、教育行政官、あるいは研修指導者さえもが、自らが魅力的と考える要素をプログラムに加えたい誘惑にかられることがよくある。しかし、それは異なる理論的知見に基づくものなのである。モデル・カリキュラムは、それがプログラムへの焦点をもたらすからこそ効果的なのである。プログラム体系から外れた選択肢をすべて排除することにより、そのモデルは、有効性が実証されている実践を効果的に実施できるのである。

　**政策立案者への提言**：カリキュラムの選定を行う際は、それにともなう保育者・スタッフ研修プログラムも、同じように重視されねばならない。研修プログラムは対象スタッフの職場で行われるべきである。また、じっくりと時間をかけて一貫性を持たせた研修にしていく必要がある。モデル・カリキュラムの実践に直接焦点を当てなければならない。研修プログラムは巧みに適用されれば必ず「効果を生み出す」という証拠が、

研修プログラムそのものによって提示されなければならない。有効性の確認は、モデル・カリキュラムだけでなく、研修システムに関しても行われなければならない。

3. 就学前の子ども（3〜5歳児）に関しては、1人の保育者につき8人から10人の子どもが割り当てられているときに、最も学習効果が高くなる

　多くの国において、保育・幼児教育プログラムに携わっている大人は概して、ここで推奨されている「保育者1人に対して子ども8人〜10人」という人数を上回る子どもを受け持っている。子どもにも理解しやすい明確な実践内容をもつプログラムであれば、子どもの数が多くても円滑に対応できるように思えるかもしれない。しかし、多数の子どもを一斉に扱うときの保育者は、一人ひとりの関心や能力に基づいて子どもが自発的に行う学習を促すというよりは、子どもを単一の集団として扱い、指導する傾向にある。こうした保育者・教師による対応により、保育者との会話が少なくなり、教材の選択肢は限られたものになり、何もせずに待つだけの時間が増え、一人ひとりの子どもの発達段階に合わない指導が多くなる。その結果、子どもの学習を妨げるさまざまな要因が発生していく。モデル・カリキュラムに基づく指導は、例えば子どものお互いへのかかわり方や、保護者や地域ボランティアが支援者としてどのように教室に参加したらいいか提案することで、そうした問題の発生を最小限に抑えることができる。クラスの規模の縮小や、保育者1人当たりの子どもの数を減らすことが経済的に不可能である場合は、子どもの学習や自発性を妨げないよう、十分な配慮がなされなければならない。こういった後退は、決して見過ごされてはならないのである。
　**政策立案者への提言**：保育者1人当たり8〜10人の子どもという目標は現実的には実現が難しいかもしれない。しかし、適切なモデルを慎

重に選択することで、問題を最小限に抑えつつ、より持続的な解決策を追求することができるようになる。適切な発達理論に基づく効果的なモデルの導入により、子どもの学習への参加を最大限にする戦略をとることが可能になる。同時に、教材、友人や大人との積極的な相互作用が少なくなることから生じるリスクを最小限に抑えることが可能になる。

4. プログラムによる子どもの成長を評価し、モデル・カリキュラムが実際に実施されたかどうかを確認するため、適切な評価システムを使用する

　保育プログラムの実施において最も弱い分野はおそらく評価であろう。子どもを評価することについては、保育者と保護者の双方による反対があるし、こうした反対の多くは、それなりの理由があってのものである。就学前の子どもを対象とするテストの大部分は、さまざまな理由から適切でないものが多い。例えば、子どもの集中力が持続する時間は限られており、大人が重要と考える事項に集中するよう強制されることにより、評価の日は嫌な気持ちになる。概してテストは子どもの日常生活からかけ離れたものであるし、テストをする大人も十分な訓練を受けていないことがある。しかし、一人ひとりの子どもの発達に関する情報は、プログラム実施者・保護者双方の関心事項であり、また、プログラムの提供者や政策担当者は、プログラムへの投資により期待された効果が実現されているかどうかを確認する必要がある。ここでの解決策は、子どもの能力に関する直接的な観察を中心に評価システムを使用することである。保育者・スタッフが教室または保育施設で使用できる観察ツールを用いることにより、子どもの発達に関する最も明確かつ最も正確な実態を把握することができる。発達理論に基づく知見を中心にツールを編成することで、観察ツールは高い効果を生み出すことができる。
　プログラム実施の評価においても観察が有効である。適切な研修を受

けた外部の観察者がモデル・カリキュラム評価のために開発されたスケールを用いることにより、実施レベルでの迅速かつ信頼性のある評価が可能になる。このような評価により、どのような領域を強化すべきかも明らかになる。これらの情報に基づき、保育者を対象とする研修の計画や、プログラムの価値に関する評価を行うことができる。アメリカ国内の保育・幼児教育プログラムに関する調査の大部分は、プログラムの質は「低」から「中」レベルであると報告している。良質な保育の実現に向けて何をすべきかは、実績のあるモデル・カリキュラムのプログラムを適切に評価することで、明らかにされるだろう。

**政策立案者への提言**：子どもの成長・発達に関する適切な評価は、施設のスタッフ、保護者、資金提供者にとって重要な要素である。効果的な観察評価の導入に、十分な資源を投入することが重要である。この手法により、プログラムの自然な実施状態における子どもの発達の測定や子どもの評価が可能になる。このような観察は、人工的な評価とは違って、子どもの意図や能力を正しく反映できる。

プログラムの質がどの程度良好かは、プログラム実施に関する体系的な評価を通して明らかにすることができる。したがって、良質なプログラムの普及は、適切な訓練を受けた独立した評価機関により作成された観察ツールによって、カリキュラムの実施プロセスを継続的にモニタリングすることで実現できる。このようなモニタリングによってプログラムの効率性を評価するための基準的データが得られ、追加的な研修を行うべきかどうかの方針を決めることができる。効果的なモデル・カリキュラムが用いられていても、対象のプログラムが良質なプログラムに求められる基準に到達していなければ、期待された子どもの発達は得られない。

5. 保護者による積極的な参加は、プログラムの根幹をなす

子どもの認知的な成長や発達を促すプログラムは、保護者によっての
み提供されるわけではないが、保護者ができる限り参加することは、プ
ログラムの成功には不可欠である。保護者が参加できない理由としては、
保護者の仕事のスケジュールやその他の責任があげられる。道徳に関す
るプログラムには保護者による参加が必要となる。教師は教室という限
られた空間における教育や子どもの発達の専門家であるが、保護者は家
庭、価値観、子どもにとっての目標、地域社会の伝統に関する教育者で
ある。教師と保護者は、相互に協力し合って子どもの教育にあたる必要
がある。

　**政策立案者への提言**：保護者の参加を円滑に進めるためには、さらに
追加で計画と研修をしなければならない。しかし、保育プログラムに効
果的に地域社会の価値観や慣習を反映させるためには、保護者による参
加が欠かせない。保護者や教師は、協力関係を築くことで、幼児の成長・
発達を促進すべきである。

## 6. プログラムが有効に運用されるためには、十分なリソースと優れた行政システムが必要となる

　子どもの自発的な学習を中心に構築されるモデル・プログラムは、ほ
とんどの場合、子どもが手に取って遊んだり、探求したり、使ったり、
消費したりするための教材を数多く必要とする。しかし、このモデル・
プログラムにおいては、必ずしもこうした教材の生産を業者に委託した
り、市販の教材を購入する必要はない。教材は工場や地域社会、家庭、
農場などから出る廃物やリサイクル材で（それが安全で清潔なものであれ
ば）十分である。実際、高価な市販玩具やプラスチック製品はしばしば、
子どもの創意工夫や想像力を制約してしまう。しかし、このモデル・プ
ログラムでは十分なリソースを提供していかなければならない。こうし
たリソースをどのように子どもに与えていくかについては、十分な考慮

第7章　政策提言：幼児期の発達の社会的貢献　81

がなされるべきである。リソースの不足や行政能力の不足はしばしば、幼児教育の円滑な実施を妨げる。行政官は幼児教育以外のさまざまな責任を負わされていることが多く、また、幼児の発達に関する研修もほとんど受けたことがない。行政官の役割は重要である。モデル・カリキュラムのプログラムの良質な実践をサポートするには行政官に特に訓練と動機づけが必要である。

　政策立案者への提言：多くの場合保育プログラムへの教材提供システムは、優先順位が低い。しかし、それは間違っている。教材提供に関する戦略の作成が、プログラムの開発と同時に進められなければならない。保育者・スタッフは、費用のかからない（または低コストの）教材が持つ教育力を最大限に活用し、残りのリソースをオープンエンドの学習教材に投資すべきである。行政面の課題を解決するには、専門知識がありかつ思いやりのある人物を重要ポストに割り当てることが重要である。行政官の任命は一度限りの決定であるが、保育者がモデル・プログラムを効果的に実施するのに必要な支援や理解を与えることができる人物の登用は、非常に重要な意味を持つ。

## 政策決定に向けての課題（Challenging decisions）

　政策立案者は、いかなる国においても、利用可能な資源の投入に関する優先順位を決める責任を持っている。資源が乏しい国では、そうした決断はさらに困難になる。何が最優先に取り組まれるべきだろうか。質の高い保育・幼児教育によって将来の優秀な生徒を育てるためにより多くの資金が投入されるべきなのだろうか。初等教育が、男女、都市・農村を問わず、完全普及されるべきなのだろうか。中等教育の就学を拡大し、その授業時間を増やすだけでなく、カリキュラムの幅も広げられるべきなのだろうか。リソースには限りがあるので、何に支出するか、慎重に検討することが重要である。投資による収益率が最も高い事業は何なのだろうか。政策立案者にとっては、

これらの問題はどれをとっても容易ではなく、どの問題にも明確な答えは存在しない。本書で示してきた研究から示唆されることは何だろうか。

**政策立案者への提言**：保育・幼児教育の分野で現在実施されているプログラムの質を高めることが最優先課題である。国際調査の対象となったすべての国において、発展段階にかかわらず、5歳以下の子どもを対象とした全国的なプログラムが実施されていた。これらのプログラムが良質の基準を確実に満たすことが、最優先課題である。プログラムの運用には、子どもの募集、保育者・教師の研修などに、相応の資金がすでに投入されている。良質なプログラムの作成に必要な要素には、十分な保健・安全の基準、研修の基準、保育者の資格認定、包括的なサービスの4つがあるが、何より最も重要なのは、保育現場に適用しやすいモデル・カリキュラム・プログラムを採用することである。モデル・プログラムは、たとえ資金は限られていても、明確な研修やプログラムの質を保証するためのサポートに絞って投入することができる。モデル・プログラムは、コストの削減にもつながる。というのは、プログラム本体、スタッフの研修、子どもの評価、という3つの必須項目に関しては教材やツールがすでに開発されているためである。

5歳以下の子どもを対象とする保育プログラムにも、初等教育や中等教育と同様の配慮が必要とされる。これらの教育段階はそれぞれ、異なる発達領域を成長させ、最終的にそれぞれが国民全体の発達に貢献する。かつては、保育・幼児教育は、国家の全体的な教育戦略においてあまり重視されてこなかった。教育に関するすべての分野に言えることだが、プログラムの質を下げることなくプログラムの費用を抑制することが重要となる。例えば、良質な研修やその指導・監督が行われれば、ボランティア・スタッフが保育・幼児教育の現場で十分に活躍することができる。こうした形でスタッフを増員できれば、保育者1人当たりの子どもの数をできる限り少なく抑えることが可能になる。3〜5歳児に関して言えば、保育者1人当たり10人以下でプログラムが実施されることが理想的である。

費用便益分析により、良質なプログラムはより良質な労働者と市民を作り

出すことが示唆されている。この研究結果が明らかにされたことで、現在、保育プログラムは、投資すべき事業の中核となりつつある。

## 結　語

　幼児に対する保育プログラムの提供は、幼児期は人生の始まりの時期であり、仕事を持つ保護者は保育サービスを必要としているという認識から生まれ、発展してきた。過去数十年にわたる調査研究により、子どもにとって幼児期は、その後の人生にとってきわめて重要な意味を持つことが明らかにされてきた。子どもが大人になるまでに、子どもには多くを与えることができるし、また、そうすべきである。しかし、幼児期は、子どもの成長を支える基盤を形成することができる貴重な時期なのである。この保育・幼児教育という分野は、過去何年にもわたって、こうした幼児期の特徴を直観的に感じ取ることのできた多くの人々（多くの場合、女性）による、献身的な働きにより支えられてきた。こうした人々による努力の意義が実証的なデータにより裏づけられたのは、つい最近のことである。しかし、人生のすべてがそうであるように、経験の質こそが鍵となる。単に「私たちが子どもにとって重要と考えること」を与えることは、もはや許されることでもないし、意味があることでもない。**質的向上**は、今やわれわれにとって利用可能となった最善のモデル・カリキュラムに基づくアプローチを導入することによって、達成されるべきである

<参考文献>

Barnett, W.S. 1995. "Long-term effects of early childhood programmes on cognitive and school outcomes". In: R.E. Behrman (ed), *The future of children: Long-term outcomes of early childhood programmes,* Vol. 5. No.3, pp. 25-50. Winter. Los Altos, CA: The David and Lucille Packard Foundation.

Baumrind, D. 1971. "Current patterns of parental authority". In: *Developmental Psychology Monographs,* Vol. 4, No.4, Part 2.

Berry, C.F. and Sylva, K. 1987. *The plan-do-review cycle in High/Scope: its effects on children and staff.* Oxford, Oxford University.

Bredekamp, S. (ed.). 1987. *Developmentally appropriate practice in early childhood programmes serving children from birth through age 8.* Washington, D.C.: National Association for the Education of Young Children.

Bruer, J.T. 1997. "Education and the brain: a bridge too far". In: *Educational Researcher,* Vol. 26 (8), pp. 4-6.

Burts, D.C.; Hart, C.H.; Charlesworth, R. and Kirk, L. 1990. "A comparison of frequency of stress behaviours observed in kindergarten children in classrooms with developmentally appropriate versus developmentally inappropriate instructional practices". In: *Early Childhood Research Quarterly,* Vol. 5, pp. 407-423.

Burts, D.C.; Hart, C.H.; Charlesworth, R.; Fleege, P.O.; Mosley, J. and Thomasson, R.H. 1992. "Observed activities and stress behaviours of children in developmentally appropriate and inappropriate kindergarten classes". In: *Early Childhood Research Quarterly,* Vol. 7, pp. 297-318.

Cleverley, J. and Phillips, D.C. 1986. *Vision of childhood; influential models from Loche to Spock.* New York and London: Teachers College, Columbia University.

Cochran, M. (ed.). 1993. *International handbook of child-care policies and programmes.* Westport, CT: Greenwood Press.

Datta, L.; McHale, C. and Mitchell, S. 1976. *The effects of Head Start classroom experience on some aspects on child development: a summary report of national evaluations,* 1966-69 DHEW Publication No. OHD-76-30088. Washington, D.E.: US Government Printing Office.

DeVries, R.; Haney, J.P. and Zan, B. 1991a. "Sociomoral atmosphere in direct-instruction, eclectic, and constructivist kindergartens: a study of teachers' enacted interpersonal understanding. *Early Childhood Research Quarterly,* Vol. 6, pp. 449-471.

DeVries, R.; Reese-Learned, H. and Morgan, P. 1991b. "Sociomoral development in direct-instruction, eclectic, and constructivist kindergarten: a study of children's enacted interpersonal understanding". In: *Early Childhood Research Quarterly,* Vol. 6, pp. 473-517.

Donaldson, M. 1978. *Children's Minds. London:* Cromm Helm.

Epstein, A.S. and Weikart, D.P. 1979. *The Ypsilanti-Carnegie Infant Education Project: a longitudinal follow-up.* Ypsilanti, MI: High/Scope Press.

Epstein, A.S. 1993. *Training for quality: improving early childhood programmes through systematic in-service training*. Monographs of the High/Scope Educational Research Foundation, Vol. 9, pp. xv, 6-7. Ypsilanti, MI: High/Scope Press.

Frede, E. and Barnett, W.S. 1992. "Developmentally appropriate public school pre-school: a study of implementation of the High/Scope Curriculum and its effects on disadvantaged children's skills at first grade". In: *Early Childhood Research Quarterly*, Vol. 7, pp. 483-499.

Goffin, S.G. 1993. *Curriculum models and early childhood education: appraising the relationship*. New York, NY: Merrill.

High/Scope Educational Research Foundation. 1992. *The High/Scope Child Observation Record for ages 21/2 to 6*. Ypsilanti, MI: High/Scope Press.

High/Scope Educational Research Foundation. 1998. *The High/Scope Programme Quality Assessment: Pre-school version*. Ypsilanti, MI: High/Scope Press.

Hohmann, M. and Weikart, D.P. 1995. *Educating young children: Active learning practices for pre-school and child-care programmes*. Ypsilanti, MI: High/Scope Press.

Kagitcibari, C.; Sunar, D. and Bekman, S. 1988. *Comprehensive Pre-school Education Project: Final report*. Ottawa: International Development Research Centre.

Karnes, M.B.; Schwedel, A.M. and Williams, M.B. 1983. "A comparison of five approaches for educating young children from low-income homes". In: *Consortium for Longitudinal Studies, As the twig is bent ··· Lasting effects of pre-school programmes*, pp. 133-170. Hillsdale, NJ: Erlbaum.

Kohlberg, L. and Mayer, R. 1972. "Development as the aim of education". Harvard Education Review, Vol. 42, Nov. 4, pp. 449-496.

Lambie, D.Z.; Bond, J.T. and Weikart, D.P. 1974. *Home teaching with mothers and infants: The Ypsilanti-Carnegie Infant Education Project – An experiment*. Monographs of the High/Scope Educational Research Foundation, 2. Ypsilanti, MI: High/Scope Press.

Larner, M.; Halpern, R. and Harkovy, O. 1992. *Fair start for children: lessons learned from several demonstration projects*. New Haven, CT: Yale University Press.

Lazar, I.; Darlington, R.; Murray, H.; Royce, J. and Snipper, A. 1982. *Lasting effects of early education: a report from the Consortium for Longitudinal Studies*. Monographs of the Society for Research in Child Development, Vol. 47 (2-3,.Serial No. 195).

Marcon, R.A. 1992. "Differential effects of three pre-school models on inner-city 4-year-olds". In: *Early Childhood Research Quarterly*, Vol. 7, pp. 517-530.

Macron, R.A. 1994. "Doing the right thing for children: linking research and policy reform in the district of Columbia public schools". In: *Young Children*, Vol. 50(1), 8-20, November.

McKey, R.H.; Condelli, L.; Ganson, H.; Barrett, B.J.; McConkey, C. and Plantz, M.C. 1985. *The impact of Head Start on children, families, and communities* – Final report of the Head Start Evaluation, Synthesis, and Utilization Project. Washington, D.C.: CSR.

Miller, L.B. and Bizzell, R.P. 1983. "The Louisville experiment: a comparison of four programmes". In: *Consortium for Longitudinal Studies, As the twig is bent ··· Lasting effects of pre^school programmes*, pp. 171-199. Hillsdale, NJ: Erlbaum.

Myers, R. 1992. *The twelve who survive: strengthening programmes of early childhood development in the*

*Third World.* London: Routledge; Paris: UNESCO.

Nbuco, M. and Sylva, K. 1995. *Comparisons between ECERS ratings of individual pre-school centers and the results of target child observations: do they match or do they differ?* Paper presented to the 5th European Conference on the Quality of Early Childhood Education, Paris.

Olmstedt, P.P. and Weikart, D.P. (eds.). 1989. *How nations serve young children: profiles of child-care and education in 14 countries.* Ypsilanti, MI: High/Scope Press.

Olmstedt, P.P. and Weikart, D.P. (eds.). 1994. *Families speak: early childhood care and education in 11 countries.* Ypsilanti, MI: High/Scope Press.

Onibokun, O. 1989. "Early childhood care and education in Nigeria". In: *How nations serve young children: profiles of child-care and education in 14 countries,* pp. 219-240. Olmstedt, P.P.; Weikart, D.P. (Eds.). Ypsilanti, MI: High/Scope Press.

Osborn, D.K. 1991. *Early childhood education in historical perspective.* Athens, GA: Daye Press.

Ramey, C.T.; Bryant, D.M. and Suarez, T.M. 1985. "Pre-school compensatory education and modifiability of intelligence: a critical review". In: D. Detterman (Ed.), *Current topics in intelligence,* pp. 247-296. Norwood, NJ: Ablex.

Schweinhart, L.J.; Barness, H.V. and Weikart, D.P., with Barnett, W.S.; Epstein, A.S. 1993. *Significant benefits: the High/Scope Perry Pre-school study through age 27.* Monographs of the High/Scope Educational Research Foundation 10. Ypsilanti, MI: High/Scope Press.

Schweinhart, L.J.; Weikart, D.P. 1997. *Lasting differences: the High/Scope Pre-school Curriculum Comparison study through age 23.* Monographs of the High/Scope Educational Research Foundation, 12. Ypsilanti, MI: High/Scope Press.

Shi Hui Zhong. 1989. "Young children's care and education in the People's Republic of China". In: *How nations serve young children: profiles of child-care and education in 14 countries,* pp. 241-254. Olmstedt, P.P. and Weikart, D.P. (eds). Ypsilanti, MI: High/Scope Press.

St. Pierre, R.G.; Layer, J.I. and Barnes, H.V. 1995. "Two-generation programmes: design, cost, and short-term effectiveness". In: R.E. Behrman (Ed.), *The future of children: Long-term outcomes of early childhood programmes,* Vol. 5, No.3, pp. 77-93, Winter. Los Altos, CA: The David and Lucille Packard Foundation.

United Nations Educational, Scientific, and Cultural Organization (UNESCO). 1989. *1988 World Survey on Early Childhood Care and Education (ECCE): Summary of findings.* Paris: UNESCO.

Walsh, D.J.; Smith. M.E.; Alexander, M. and Ellwein, M.C. 1993. "The curriculum as mysterious and constraining: teachers' negotiations of the first year of a pilot programme for at-risk 4-year-olds". In: *Journal of Curriculum Studies,* Vol. 25, pp. 317-332.

Weikart, D.P. 1972. "Relationship of curriculum, teaching, and learning in pre-school education". In: J.C. Stanley (ed.), *Pre-school programmes for the disadvantaged.* Baltimore, MD: John Hopkins University Press.

Wekart, D.P. (ed.). 1999. *What should young children learn? Teacher and parent views in 15 countries.* Ypsilanti, MI: High/Scope Press.

## 資料　国際教育計画研究所とその叢書：教育計画の基礎[1]

　この叢書に含まれている冊子は、もともと、次の2つのグループの読者のために執筆されている。開発途上ばかりでなく開発の進んだ国で教育計画と行政に携わっている人たち、そして、上級官僚や政策決定に参与するが必ずしも専門的ではない人たちが対象で、後者の人々が教育計画とは何かを、そしてそれが全体としての国家の開発にどのように関っているかを理解してもらえればと期待している。

　この叢書が1967年に企画されてからというもの、教育計画のコンセプトと実務とは質的に変化を遂げた。教育開発の過程を合理化すべく、初期に試みられたことの基礎におかれた仮説は、その多くが批判されたり廃棄されたりした。主要な中核的で重要な計画でも今では不適切であることが証拠立てられることがある。しかしそれは、すべての計画がなくても済むということを意味しているのではない。反対に、データを集積し、既存プログラムの有効性を評価し、大規模研究をすすめ、将来について模索しつつ、それらの活動を基礎にしながら、教育政策の選択と決定を以前よりは正確に誘導できるような厚みのある議論をすることがますます必要になっている。

　教育計画のスコープは広がった。公式の教育制度に加えて、非公式的な場面ながら重要な意味を持つ教育活動にも、教育計画は応用されるようになった。教育制度の成長と発展に寄せられてきた関心も、教育過程全体の質を見直すことを意味するようになり、ときには教育過程の結果をコントロールすることに置き換えられようとしている。最後に、企画担当者と行政官もますます政策実施戦略の重要性に気づくようになり、その点で多様な管理メカニズムの役割、つまり、財政方式の選択、試験と資格認定手順、その他の管理と活動を誘導するもの等、それぞれの機能役割の重要性にも気づくようになった。企画者の関心はいま二重である。教育の価値をその固有の分野について経験的な観察を踏まえて理解すること、そして、変化を目指した適切な戦

略の選択を支援することがそれである。

　ここに挙げる冊子は、いずれも、教育政策の発展と変化、そして教育計画要求へのその影響を検証した成果を含んでいる。つまり、教育計画の現在の問題を明らかにし、それぞれの歴史的背景と社会的背景において教育計画を分析し、かつ、発展途上国と開発国との別を問わず両文脈で応用できる計画の方法論がその内容である。

　教育計画の真に今日的問題と世界各地で行われる政策決定の今日的問題を、研究所が的確に認識することを助けるために、編集委員会が任命された。

　二人の編集委員と地域別副編集委員、それぞれの分野で高名な専門家から編集委員会は構成された。1990年1月に最初の編集委員会が開かれ、以下のような表題の下に以後発行する各冊子で取り上げるべき主題を選定した。

　　1　教育と開発
　　2　公正問題
　　3　教育の質
　　4　教育の構造と行政と経営
　　5　カリキュラム
　　6　教育のコストと財政
　　7　計画技術と方法
　　8　情報システム、監査と評価

　各表題の下で、12冊の冊子[2]を編むことにした。

　叢書を注意深く企画したが、しかし、著者による見解が矛盾したり異なることを予め避けるようなことはしなかった。研究自体、その公式の見解を著者に押し付けるようなことは望まない。見解については著者がその責任を負うもので、したがって、ユネスコや教育計画研究所によってその見解が支持されないこともあるが、国際的なフォーラムとして著作の主張に人々の関心が集まるようには配慮する。背景を異にし専門を別にするさまざまな著者に

広くその見解を述べる機会を与えて、教育計画の変化する理論と実践について多様な経験と意見を反映させることが、事実この叢書の目的の一つである。（以下略）

ジャック・アラック<br>（元ユネスコ事務次長・元ユネスコ国際教育計画研究所所長）<br>鈴木慎一訳

＜訳注＞
1　本資料は、叢書原シリーズ編纂に係る基礎情報として巻末に付した。シリーズの意図に直接関連のない末尾の数行を省略している。
2　この 12 冊という数とその内容は原シリーズに関するもので、本日本語版叢書とは無関係である。

# 索　引

## 【ア行】

アイルランド　23
アフリカ系アメリカ人　47, 55, 57
アメリカ　7, 12, 16-20, 23, 24, 28, 43, 55, 66, 73, 75, 79
偉大なる社会　7
イタリア　12, 15-17, 23, 24
遺伝　38
インドネシア　23
大人との人間関係スキル　26, 31
オープン・フレームワーク型　xiii-xv, 52-54, 56, 57, 60, 63
オベルラン　6

## 【カ行】

学習準備スキル　26, 27, 30, 32
感覚運動期　xi, 37-41
ギリシャ　23
具体的操作期　37
グローバル化　34
形式的操作期　37
言語スキル　25, 27, 28, 30-32
郷村幼稚園　9
国際教育到達度評価学会（IEA）　3, 12
子ども中心型　xiii-xv, 52-55, 57, 60
子どもの権利条約（児童の権利に関する条約）　xii

## 【サ行】

最善の利益　xxii
左伝　8
自己評価スキル　26, 27
自己表現スキル　27, 30-32
児童の権利に関する条約→子どもの権利条約
収益率　xxii, 49, 81
自律スキル　25, 27, 28, 30, 31
ジンバブエ　12
新ピアジェ派　37
スウェーデン　12
スタンフォード・ビネー式知能検査　43, 55, 58
スペイン　12, 15, 16, 18, 23
スロベニア　23, 29
青年海外協力隊　xxiv
前操作期　xi, 37-41.49
層化無作為割り付け法　57
ソーシャル・サービス　18

## 【タ行】

タイ　12, 14, 16, 19, 23, 27, 18, 33
知能指数　54, 58
知能テスト　46, 47
中国　7, 8, 12, 15, 17, 18, 20, 23, 29
中退　10
陳鶴琴　8, 9
テ・ファリキ　xv
デューイ　63
ドイツ　7, 12, , 15-17, 19, 20
陶行知　8, 9
特別支援教育　18
友だちとの人間関係スキル　25, 27, 28, 30-32

## 【ナ行】

| | |
|---|---|
| ナイジェリア | 7, 12, 14, 16-18, 23, 27, 28 |
| 乳幼児発達支援（ECD） | xxi, xxiii |
| ネグレクト | |

## 【ハ行】

| | |
|---|---|
| ハイスコープ・カーネギー乳幼児教育プロジェクト | 43 |
| ハイスコープ・カリキュラム | xiii, xiv, xx, 47, 52, 57, 61, 65, 67, 69-71 |
| ハイスコープ教育研究財団 | 4 |
| ハイスコープ子ども観察記録 | 70 |
| ハイスコープ指導者研修評価 | 57, 66 |
| ハイスコープ就学前カリキュラム比較研究 | xiv, xix, 53, 57, 61 |
| ハイスコープ・ペリー就学前教育研究〔プログラム〕 | xi, xviii, 3, 5, 12, 14, 47, 49, 58, 59, 63, 66, 73, 74 |
| 発展途上国 | xxiii, 3, 12, 53, 72 |
| 万人のための教育世界宣言 | xxi |
| ピアジェ | xi, xiii, 33, 37, 52, 63 |
| 費用便益分析 | 49, 82 |
| 貧困撲滅 | 7 |
| フィンランド | 12, 17, 18, 20, 23, 28, 33 |
| フェミニズム運動 | 21 |
| フォード財団による子どもの生存・適切なスタートのためのプロジェクト | 44 |
| フレーベル | 6 |
| プログラム型 | xiii, xv, 51, 53, 54, 57 |
| 文化剥奪 | 7 |
| ペスタロッチ | 6 |
| ヘッド・スタート | xx, 7, 10, 19, 46, 54 |
| ベトナム | 12 |
| ペリー就学前教育研究→ハイスコープ・ペリー就学前教育研究 | |
| ベルギー | 12, 16-20, 23, 24, 28 |
| ヘルスケア | 15, 42 |
| 保育時間 | 16 |
| 保育者 | 36 |
| 保育の質 | 36 |
| 保育ママ | 33 |
| ホガレス・コミュニタリオス・プロジェクト | 33 |
| ポーランド | 23, 28 |
| ポルトガル | 12, 17, 55 |
| 香港 | 12, 15, 16, 18, 19, 23 |

## 【マ行】

| | |
|---|---|
| マクミラン姉妹 | 6 |
| マルボー | 6 |
| ミレニアム開発目標（MDGs） | xxi |

## 【ヤ行】

| | |
|---|---|
| 養護型 | xiii, 53 |
| 幼児期充実化計画 | 14 |
| 予防接種 | 42 |

## 【ラ行】

| | |
|---|---|
| 六芸教育 | 8 |
| ルーマニア | 23, 28 |
| レッジョ・エミリア | xv |
| 労工幼稚園 | 9 |

## 【欧字】

| | |
|---|---|
| ECD →乳幼児発達支援 | |
| IEA →国際教育到達度評価学会 | |
| IEA 幼児教育プロジェクト | x, xi, 3, 4, 12-14, 21, 23, 31 |
| MDGs →ミレニアム開発目標 | |
| OECD | xiv, xvi |
| UNESCO | xvii, 12 |
| UNICEF | 33, 53 |

# 叢書編集顧問・編者紹介

## 【編集顧問】

**鈴木慎一**(すずき　しんいち)

早稲田大学名誉教授。ヨーロッパ比較教育学会名誉会員。中国中央教育科学研究院名誉教授。北京師範大学客員教授等。研究分野は、比較教育、教師教育、イギリス教育政策。瑞宝中綬章受章(2014年)。

主要著作:『教師教育改革の実践的研究－教師養成と現職研修の課題－』(ぎょうせい、1989年)、『教育の共生体へ－ボディ・エデュケーショナルの思想圏－』(共著、東信堂、2004年)、*Education in East Asia (Education Around the World)*(共著、Bloomsbury、2013年)。

**廣里恭史**(ひろさと　やすし)

上智大学総合グローバル学部教授。名古屋大学大学院国際開発研究科教授、アジア開発銀行主席評価専門官及び主席教育専門官等を経て、現職。研究分野は、国際教育開発論、比較国際教育学、教育部門・プロジェクト評価論。

主要著作:『途上国における基礎教育支援－国際的なアプローチと実践－』(共編著、学文社、2008年)、*The Political Economy for Educational Reforms and Capacity Development in Southeast Asia: Cases of Cambodia, Laos, and Vietnam*(共編著、Springer、2008年)。

## 【編者】

**黒田一雄**(くろだ　かずお)

早稲田大学大学院アジア太平洋研究科教授。米国海外開発評議会研究員、広島大学教育開発国際協力研究センター助教授を経て、現職。他に、日本ユネスコ国内委員会委員、ユネスコ国際教育計画研究所客員研究員など。研究分野は、国際教育開発論、比較国際教育政策。

主要著作:『国際教育開発論－理論と実践』(共編著、有斐閣、2005年)、*Mobility and Migration in Asia Pacific Higher Education*(共編著、Palgrave Macmillan、2012年)、『アジアの高等教育ガバナンス』(編著、勁草書房、2013年)。

**北村友人**(きたむら　ゆうと)

東京大学大学院教育学研究科准教授。国連教育科学文化機関教育専門官補、名古屋大学大学院国際開発研究科准教授、上智大学総合人間科学部教育学科准教授を経て、現職。研究分野は、比較教育学、国際教育開発論

主要著作:『国際教育開発の再検討－途上国の基礎教育普及に向けて－』(共編著、東信堂、2008年)、『揺れる世界の学力マップ』(共編著、明石書店、2009年)、*Emerging International Dimensions in East Asian Higher Education*(共編著、Springer、2014年)。

## 著者・訳者紹介

【著者】
**デイヴィッド P. ワイカート**(David P. Weikart)
1931年生まれ。米国の心理学者。著名な幼児教育プログラムであるハイスコープ・カリキュラムの開発者であり、ハイスコープ財団の設立者でもある。1962年に同僚らとペリー・就学前教育研究を開始し、幼児教育の長期的効果を実証した。また、ハイスコープ・カリキュラム比較研究においては、何が効果的な幼児教育カリキュラムかを明らかにしたことで有名である。ペリー・就学前教育研究は今もなお、世界中で注目されている研究であり、幼児教育への投資を検討する際に参考にされている。

【訳者】
**浜野　隆**(はまの　たかし)
お茶の水女子大学人間文化創成科学研究科教授。東京工業大学、武蔵野大学、広島大学を経て現職。研究分野は、教育社会学、国際教育開発論。アジア、アフリカにおける教育開発・国際教育協力研究を行っている。主な共著書に、『発展途上国の保育と国際協力』(東信堂、2012年)、『世界の子育て格差』(金子書房、2013年)、などがある。

*Early Childhood Education: Need and Opportunity*

幼児教育への国際的視座(ユネスコ国際教育政策叢書5)
2015年1月15日　初　版第1刷発行　　　　　〔検印省略〕
定価は表紙に表示してあります。

印刷・製本／中央精版印刷株式会社
組版／フレックスアート

訳者Ⓒ浜野隆／発行者　下田勝司

東京都文京区向丘1-20-6　郵便振替00110-6-37828
〒113-0023　TEL(03)3818-5521　FAX(03)3818-5514

発行所　株式会社　東信堂

Published by TOSHINDO PUBLISHING CO., LTD.
1-20-6, Mukougaoka, Bunkyo-ku, Tokyo, 113-0023, Japan
E-mail : tk203444@fsinet.or.jp   http://www.toshindo-pub.com

ISBN978-4-7989-1260-8 C3337　Copyright Ⓒ Takashi HAMANO

## ユネスコ国際教育政策叢書（全12巻）

各Ａ５判
○印近刊

編集顧問：鈴木慎一・廣里恭史
編　　者：黒田一雄・北村友人

❶『教育政策立案の国際比較』　　　　　　　　　　1200円+税
　　ワディ・D・ハダッド、テリ・デムスキー著　北村友人訳・解説

❷『グローバリゼーションと教育改革』　　　　　　1200円+税
　　マーティン・カーノイ著　吉田和浩訳・解説

❸『紛争・災害後の教育支援』　　　　　　　　　　1600円+税
　　マーガレット・シンクレア著　小松太郎訳・解説

❹『塾・受験指導の国際比較』　　　　　　　　　　1500円+税
　　マーク・ブレイ著　鈴木慎一訳・解説

❺『幼児教育への国際的視座』　　　　　　　　　　1200円+税
　　デイヴィッド・ワイカート著　浜野隆訳・解説

❻『国際学力調査と教育政策』　　　　　　　　　　1600円+税
　　ネヴィル・ポッスルウェイト著　野村真作訳・解説

❼『教育におけるジェンダー平等』　　　　　　　　1500円+税
　　ネリー・ストロンキスト著　結城貴子訳・解説

❽『教育分権化の国際的潮流』　　　　　　　　　　1200円+税
　　ノエル・マクギン、トーマス・ウェルシュ著　西村幹子・笹岡雄一訳・解説

❾『ＨＩＶ／エイズと教育政策』　　　　　　　　　1500円+税
　　マイケル・ケリー著　勝間靖訳・解説

⑩『途上国における複式学級』
　　エチエン・ブルンスウィック、ジャン・バレリアン著　鈴木隆子訳・解説

⑪『教育省のガバナンス』
　　リチャード・サック、サイディ・マヒーディン著　山田肖子訳・解説

⑫『教育の経済分析』
　　モーリーン・ウッドホール著　小川啓一訳・解説

東信堂

# 東信堂

|  |  |  |
|---|---|---|
| 比較教育学事典 | 日本比較教育学会編 | 一二〇〇〇円 |
| 比較教育学の地平を拓く | 森山肖太・山田稔編著 | 四六〇〇円 |
| 比較教育学―越境のレッスン | 馬越徹 | 三六〇〇円 |
| 比較教育学―伝統・挑戦・新しいパラダイムを求めて | M・ブレイ/馬越徹・大塚豊監訳 | 三八〇〇円 |
| 国際教育開発の再検討―途上国の基礎教育普及に向けて | 小川啓一・西村幹子・北村友人編著 | 二四〇〇円 |
| 発展途上国の保育と国際協力 | 浜野隆 | 三八〇〇円 |
| トランスナショナル高等教育の国際比較―留学概念の転換 | 杉本均編著 | 三六〇〇円 |
| 中国教育の文化的基盤 | 顧明遠／大塚豊監訳 | 二九〇〇円 |
| 中国大学入試研究―変貌する国家の人材選抜 | 大塚豊 | 三六〇〇円 |
| 中国高等教育独学試験制度の展開 | 南部広孝 | 三二〇〇円 |
| 中国高等教育拡大政策―背景・実現過程・帰結 | 劉文君 | 五〇四八円 |
| 現代中国初中等教育の拡大と教育機会の変容 | 王傑 | 三六〇〇円 |
| ドイツ統一・EU統合とグローバリズム―中等教育の多様化と教育改革 | 楠山研 | 三九〇〇円 |
| 教育における国家原理と市場原理―チリ現代教育史に関する研究 | 木戸裕 | 六〇〇〇円 |
| 中央アジアの教育とグローバリズム | 斉藤泰雄 | 三八〇〇円 |
| インドの無認可学校研究―公教育を支える「影の制度」 | 川嶺辺敏子編著 | 三二〇〇円 |
| バングラデシュ農村の初等教育制度受容 | 小原優貴 | 三六〇〇円 |
| オーストラリアのグローバル教育の理論と実践 | 日下部達哉 | 三六〇〇円 |
| 開発教育研究の継承と新たな展開 | 木村裕 | 三六〇〇円 |
| オーストラリアの教員養成とグローバリズム―多様性と公平性の保証に向けて | 本柳とみ子 | 三六〇〇円 |
| [新版]オーストラリア・ニュージーランドの教育―グローバル社会を生き抜く力の育成に向けて | 青木麻衣子・佐藤博志編著 | 二〇〇〇円 |
| オーストラリアの言語教育政策―多文化主義における「多様性」と「統一性」の揺らぎと共存 | 青木麻衣子 | 三八〇〇円 |
| オーストラリア学校経営改革の研究―自律的学校経営とアカウンタビリティ | 佐藤博志 | 三八〇〇円 |
| マレーシア青年期女性の進路形成 | 鴨川明子 | 四七〇〇円 |
| 「郷土」としての台湾―郷土教育の展開にみるアイデンティティの変容 | 林初梅 | 四六〇〇円 |
| 戦後台湾教育とナショナル・アイデンティティ | 山﨑直也 | 四〇〇〇円 |

〒113-0023 東京都文京区向丘1-20-6
TEL 03-3818-5521　FAX 03-3818-5514　振替 00110-6-37828
Email tk203444@fsinet.or.jp　URL:http://www.toshindo-pub.com/

※定価：表示価格（本体）＋税

東信堂

|  |  |  |
|---|---|---|
| 子どもが生きられる空間―生・経験・意味生成 | 高橋勝 | 二四〇〇円 |
| 流動する生の自己生成―教育人間学の視界 | 高橋勝 | 二四〇〇円 |
| 子ども・若者の自己形成空間―教育人間学の視線から | 高橋勝編著 | 二七〇〇円 |
| 文化変容のなかの子ども―経験・他者・関係性 | 高橋勝編著 | 二三〇〇円 |
| 関係性の教育倫理―教育哲学的考察 | 川久保学 | 二八〇〇円 |
| マナーと作法の社会学 | 加野芳正編著 | 二四〇〇円 |
| マナーと作法の人間学 | 矢野智司編著 | 二〇〇〇円 |
| 学びを支える活動へ―存在論の深みから | 田中智志編著 | 二〇〇〇円 |
| グローバルな学びへ―協同と刷新の教育 | 田中智志編著 | 二四〇〇円 |
| 教育の共生体へ―ボディ・エデュケーショナルの思想圏 | 田中智志編 | 三五〇〇円 |
| 人格形成概念の誕生―近代アメリカの教育概念史 | 田中智志 | 三六〇〇円 |
| 社会性概念の構築―アメリカ進歩主義教育の概念史 | 田中智志 | 三八〇〇円 |
| 教員養成を哲学する―教育哲学に何ができるか | 下林泰成・古屋恵太・編著 | 四二〇〇円 |
| 大学教育の臨床的研究―臨床的人間形成論第I部 | 田中毎実 | 二八〇〇円 |
| 臨床的人間形成論の構築―臨床的人間形成論第2部 | 田中毎実 | 二八〇〇円 |
| 君は自分と通話できるケータイを持っているか | 小西正雄 | 二〇〇〇円 |
| 「現代の諸課題と学校教育」講義 | 小西正雄 | 二四〇〇円 |
| 学校改革抗争の100年―20世紀アメリカ教育史 | D・ラヴィッチ著 末藤美津子訳 | 六四〇〇円 |
| 教育による社会的正義の実現―(1945-1980) | D・ラヴィッチ著 末藤美津子訳 | 五六〇〇円 |
| 混迷する評価の時代―教育評価を根底から問う | 西村和雄・大森不二雄 倉元直樹・木村拓也編 | 二四〇〇円 |
| 拡大する社会格差に挑む教育 | 西村和雄・大森不二雄 倉元直樹・木村拓也編 | 二四〇〇円 |
| 〈シリーズ 日本の教育を問いなおす〉 | | |
| 教育文化人間論―知の逍遥／論の越境 | 戸瀬信之・宮本・佐藤訳 | 二四〇〇円 |
| 地上の迷宮と心の楽園〔コメニウス セレクション〕 | J・コメニウス 藤田輝夫訳 西村和雄編 | 三六〇〇円 |

〒113-0023 東京都文京区向丘1-20-6
TEL 03-3818-5521 FAX 03-3818-5514 振替 00110-6-37828
Email tk203444@fsinet.or.jp URL:http://www.toshindo-pub.com/
※定価：表示価格（本体）＋税